U0478739

梦山书系　幼儿园教育活动指导丛书

海峡出版发行集团 | 福建教育出版社

幼儿园
美术教育活动的指导与实施

福建省实验幼儿园　编

指　导：林　菁

主　编：游兆菁

副主编：董双红

编　委（按姓氏笔画排名）

王　芬　张秀涛　李静芳　游兆菁　董双红　董宇光

序

福建省实验幼儿园的《幼儿园美术教育活动的指导与实施》一书就要出版了，这是该园多年的研究成果之一，汇集了关于幼儿园三类美术活动设计、指导和实施丰富的、可资借鉴的范例，呈现了老师们对幼儿学习与发展的解读、对美术活动目标和内容的把握以及对美术教育实践的探索。

2002年，福建省启动了幼儿园课程改革。当时，省直系统列为"幼儿园课程改革试点园"只有四个园所，作为其中之一的福建省实验幼儿园，就是从那时开始定位以幼儿艺术教育作为开展幼儿园课程改革探索的切入口。幼儿园先是申报并立项了省级课题"艺术活动中幼儿与环境互动的实践研究""在艺术活动中幼儿审美与创造能力发展的实践研究"等，又于2011年申报并立项了中国学前教育研究会"十三五"课题"幼儿园集体教学活动的适宜性与有效性研究——以艺术教育和社会教育为平台"。在研究中既关注艺术教育活动中幼儿的情感体验、审美能力、创造能力的发展，又关注艺术领域集体教学活动目标的定位、内容的选择、教学策略的运用等方面，课题研究成果《多元化的幼儿美术欣赏实践研究》获得2017年基础教育省级教学成果一等奖。本书就是福建省实验幼儿园多年研究成果的梳理和总结，它体现了以下几个特点。

1. 涵盖面全。本书分为上编（理论编）和下编（实践编）两个部分。在理论编部分，主要阐述了幼儿园美术活动的指导策略；在实践编部分，主要呈现了幼儿园美术活动案例。两个部分都涵盖了幼儿园的绘画活动、手工活动和美术欣赏活动三大类别，既有对幼儿发展特点的研究，又有教育目标、内容选择、指导策略的探讨。其中各类型活动的指导策略，既探讨一般的指导策略，又探讨不同年龄班和不同类型活动的指导策略。尤其是在绘画活动的活动类型上，分别从工具材料和表现方式两个方面，对水墨画、版画、水彩画、水粉画、线描画和主题画、自由写生画等指导策略进行了实践研究，可以让我们感受到其研究的全面性。

2. 视角独特。实践编所研讨的活动案例，在内容选择、创作题材、美工材料和表现方式等方面都体现了福建省实验幼儿园独特的视角。既有贴近幼儿生活的内容，如树叶、花朵、郁金香、菊花、仙人掌、荔枝、香蕉、水果、树、滑梯、美丽的焰火、漂亮的袜子等，又选择幼儿所喜欢的动物和人物作为美术活动的创作主题，如可爱的小鸡、淘气的小猴、鱼、水母、蜗牛、动物王国、自画像、好朋友等，还有利用家乡本土资源开展的各种主题美术活动，如"亲亲茉莉花"，"榕树"，福州"三宝"中的"角梳"和"纸伞"，"三坊七巷的水榭戏台"，"三坊七巷"等，幼儿园还开展了"中国结"，"青花瓷瓶"等欣赏与创设活动，以此萌发幼儿爱家乡、爱祖国的情感。在美术活动的材料选择和幼儿表现方式上，也非常丰富和多元，如开展了"靴子变变变"，"泡沫创想"，"瓶子创想"，"贝壳创想"，"豆豆精灵"，"帽子变变变"，"纸袋变花衣"，"白色的幻想"等一系列活动，给予幼儿自主、广阔的想象和创作空间。此外，为了让幼儿初步接触大师的作品，与大师对话，幼儿园还选择了齐白石的《荔枝图》、吴冠中的《春如线》、梵高的《星月夜》以及米罗、波洛克等大师的作品，从而让幼儿全方位地感受和欣赏自然美、生活美和艺术美。

3. 体现前沿。《3—6岁儿童学习与发展指南》在艺术领域指出："幼儿艺术领域学习的关键在于充分创造条件和机会，在大自然和社会文化生活中萌发幼儿对美的感受和体验，丰富其想象力和创造力，引导幼儿学会用心灵去感受和发现美，用自己的方式去表现和创造美。"福建省实验幼儿园的老师们深入学习并领会《指南》的精神，力求将《指南》所倡导的理念转化为实践，去破解长期以来困扰着幼儿教师的疑虑——幼儿园美术活动中要不要教技能？如何处理好美术教育活动中技能学习与幼儿想象力、创造力发展的关系？从本书理论编各个类型活动的指导策略和实施编所呈现的活动案例，我们都可以感受到老师们传统观念的转变，从认识幼儿园美术教育的意义入手，力求把握幼儿园美术教育的目标，到探讨幼儿园美术教育的基本原则；从了解不同年龄班幼儿绘画能力、手工活动和欣赏活动的特点入手，在基于对幼儿学习与发展的特点的了解上，选择适宜的活动内容并制定出具体明确的核心目标，继而探讨幼儿园各类型美术活动的指导策略，各个活动的指导都注重让幼儿充分感受和欣赏，让幼儿积累丰富的审美经验，在此基础上，通过营造安全的心理氛围，激发幼儿的创作，让幼儿敢于并乐于表达表现；通过提供丰富、多元的材料、工具或物品，支持幼儿自主地选择并进行欣赏、绘画、手工等艺术活动，在尊重幼儿自发的表现和创造、在倾听幼儿自由解读作品的前提下，给予适当的指导，使美术活动真正能成为幼儿能驾驭的用以表达自己对生活和美的事物的认识与理解，表达自己内心的想法和感受的一种图像语言。

4. 案例鲜活。本书所收集的具体活动案例鲜活，这些案例不是出自某一位教师个人的设计和实施，而是经过多轮的研讨和实践。每一个活动，从活动内容的选择、活动目标的制定、活动材料的选择、活动过程的设计，到具体的活动实施以及实施后的反思、研讨，都是以游兆菁园长、董双红副园长、林珍副园长为引领的教师团队集体智慧的成果，相信会给一线的幼儿园教师以启迪和借鉴。其中，"纸伞""古香古色的三坊七巷""白色的幻想""纸袋变花衣""三坊七巷""天使的翅膀"和"美丽的夏装"等活动案例都在福建省幼儿园美术教育研讨会和福建省幼儿园领域教学研讨活动上展示，获得大家一致的好评，引起了较大的反响。

由于我所学习和所从事的专业缘故，从1983年大学毕业到福建师范大学任教，就到福建省实验幼儿园参观学习，继而是1993年我的儿子进入了这所幼儿园开始了他的幼儿园生活和游戏，使得我在三年时间几乎每一天都有和幼儿园接触的机会，但真正的了解和喜爱，则是在2011年游兆菁园长上任后。虽然当时幼儿园因基建搬迁到他处过渡了三年，但幼儿园并没有因为园舍简陋、空间狭小等而停止教学研讨和课题研究的步伐，而是更加重视内涵建设，重视师资队伍专业发展，注重幼儿园保教质量的提升。幼儿园领导班子和教师团队的积极进取、扎实求真、开拓创新的精神风貌和工作作风，给我留下了深刻的印象。

从2001年《幼儿园教育指导纲要（试行）》的颁布，接着启动新一轮幼儿园课程改革，到2012年《3—6岁儿童学习与发展指南》的贯彻与落实，再到教育部启动的学前教育新三年的行动计划，幼儿园的课改已经走过了26年的时间，每一个热爱学前教育、热爱儿童的幼教人都在不断地学习着、思考着、实践着。衷心祝愿福建省实验幼儿园的老师们在各级领导的关怀下，在游兆菁园长的引领下，不断积极探索，不断总结经验，不断提升办园水平。

让我们一起做幼儿期的守护者，一起为幼儿的童年创造一片美好的天地，让孩子们健康、快乐、幸福地成长！与福建省实验幼儿园的老师们共勉！

福建师范大学教育学院
林 菁
2017 年 8 月

目 录

上编　幼儿园美术教育活动的指导

第一章　幼儿园美术教育活动概述 –3

第二章　幼儿园绘画活动的设计与指导 –8

第一节　幼儿绘画能力的发展特点 –8

第二节　幼儿园绘画活动的教育目标 –10

第三节　幼儿园绘画活动的内容选择 –14

第四节　幼儿园绘画活动的指导策略 –19

第三章　幼儿园手工活动的设计与指导 –33

第一节　幼儿手工能力的发展特点 –33

第二节　幼儿园手工活动的教育目标 –35

第三节　幼儿园手工活动的内容选择 –37

第四节　幼儿园手工活动的指导策略 –39

第四章　幼儿园美术欣赏活动的设计与指导 –54

第一节　幼儿美术欣赏能力的发展特点 –54

第二节　幼儿园美术欣赏活动的教育目标 –56

第三节　幼儿园美术欣赏活动的内容选择 –59

第四节　幼儿园美术欣赏活动的指导策略 –64

下编　幼儿园美术教育活动的实施

第五章　幼儿园绘画活动案例 –85

小班

树叶和花朵（手指点画）–85

美丽的郁金香（印画）–87

瓶花（印章画）–89

中班

滑梯（写生画）–91

滑梯（线描画）–93

我设计的滑梯（主题画）–95

我是小小波洛克（水粉画）–97

淘气的小猴（水粉画）–100

仙人掌（水粉画）–102

小树林（漏印版画）–105

大班

自画像（水粉画）–107

三坊七巷（线描画）–110

好朋友（粉印版画）–113

动物王国（手形画）–115

荔枝（水墨画）　–118

第六章 幼儿园手工活动案例 –121

小班

可爱的蜗牛（泥工）–121

一串香蕉（泥工）–123

五彩鱼（综合制作）–125

可爱的小水母（撕纸）–127

我给小树换新装（剪纸）–129

圣诞老爷爷的胡子（剪纸）–131

美丽的绣球花（剪纸）–133

可爱的小鸡（剪纸）–135

热带鱼（剪纸添画）–137

美丽的郁金香（折纸）–139

中班

可爱的小动物（综合制作）–141

五彩花纹的瓶子（泥工）–144

贝壳创想（综合制作）–146

调皮的小猴（剪纸）–148

亲亲茉莉花（剪纸）–150

漂亮的中国结（剪纸）–152

福州"三宝"之一——角梳（剪纸）–154

圣诞树（剪纸）–156

堆雪人（剪纸）–158

豆豆精灵（撕纸）–160

一篮水果（剪纸）-162

帽子变变变（折纸）-164

大班

泡沫创想（综合制作）-166

纸袋变花衣（综合制作）-168

装饰花轿（综合制作）-170

榕树（剪纸）-172

纸袋窗花（剪纸）-174

靴子变变变（剪纸）-176

青花瓷瓶（剪纸）-178

水榭戏台（剪纸）-180

面具（剪纸）-182

一瓶花（撕贴）-184

会动的小纸人（折纸）-186

古香古色的三坊七巷（剪贴画）-188

第七章　幼儿园美术欣赏活动案例 -191

小班

菊花朵朵开（欣赏）-191

美丽的焰火（欣赏）-194

漂亮的袜子（欣赏）-197

彩色的世界（欣赏）-200

中班

美丽的剪纸（欣赏）-202

星月夜（欣赏）–204

漂亮的夏装（欣赏）–207

太阳化装舞会（欣赏）–210

大班

福州纸伞（欣赏）–212

米罗爷爷的画（欣赏）–215

《春如线》（欣赏）–218

天使的翅膀（欣赏）–222

《白色的幻想》（欣赏）–225

各种各样的桥（欣赏）–228

主要参考文献 –231

上编

幼儿园美术教育活动的指导

第一章　幼儿园美术教育活动概述

　　幼儿园美术教育是教师遵循幼儿教育的总体要求，根据幼儿身心发展的规律，有目的、有计划地开展美术欣赏和美术创作活动，培养幼儿美术审美能力和美术创作能力，从而促进其人格和谐发展的一种审美教育。幼儿园美术教育主要由美术欣赏、绘画与手工三大活动类型组成。

一、幼儿园美术教育活动的意义

　　美术教育活动是幼儿非常喜爱的活动，也是促进幼儿身心全面发展，培养审美能力、想象力与创造能力的重要手段。

（一）满足幼儿审美情感的需要，促进其审美感受能力的发展

　　幼儿看待事物有其独特的视角，对美的事物的感受带有先天直觉性，虽然这种直觉感受还很幼稚、肤浅，但是却已蕴藏了初步的审美意识。在美术教育活动中，教师有目的、有计划地为幼儿精心选择适宜的活动内容，创设宽松的心理环境和充满情感色彩的审美环境，支持、引导幼儿感受周围环境、生活和艺术中的美，引导幼儿学会发现美、感受美和表现美，从而使幼儿的审美感受能力逐渐得到提高。

（二）给予幼儿充分自我表达和宣泄情感的机会，促进其审美表现能力的发展

　　幼儿的语言表达没有成人丰富，也难以用文字抒发自己的内心情感。美术是幼儿的第二语言，通过美术这种外在的符号形式，幼儿可以尽情地、自由地表达自己的观点，抒发内心的情感，体验各种情绪，从而获得精神上的满足。据专家研究，当幼儿情绪激动、思想纷乱时，让他们创作一幅情绪强烈的主题画往往比用语言描述它来得更容易、更令其满足。幼儿以这种方式进行自我内向交流，避免了为了让别人明白而解释细节的麻烦。同时，在此

过程中，幼儿的审美表达与表现能力也逐渐得到发展。

（三）挖掘幼儿的创造潜能，促进其审美创造能力的发展

每个幼儿都具有创造的潜能与天赋，而且对于美术有着一种与生俱来的需要，他们总是忘我地投入到涂涂画画、剪贴、捏泥等各类美术活动之中。在美术活动中，幼儿能结合已有的经验，利用美工材料对自己头脑中的表象进行加工改造，并加入自己大胆的想象，创造出新颖的、稚拙的、个性化的美术作品。幼儿非常享受创作过程中的乐趣，而当自己创作的美术作品呈现在眼前时，他们获得了成功的满足感，从而对美术创作产生更大的兴趣。这一自然而然的过程循环往复，使幼儿的创造力不断地得到发展。

（四）顺应幼儿个性的自然发展，促进其自我成长

英国艺术教育家赫伯·里德指出："教育的目的在于启发培养人的个性，顺应幼儿自然本性的发展。"美术是表现内心的艺术，幼儿通过美术这一视觉艺术形式来表达个人的感受，从中体验到快乐、成功，确定自身内在的本质和价值。美术为幼儿提供了自我表现的最佳形式。教师应形成正确的教育价值观，利用现有的课程，创造性的教学形式，在尊重幼儿个性差异的基础上，因人施教，尊重每位幼儿的自我成长权利，使幼儿增进自我了解，加强自我肯定，从而促进其自我成长。

二、幼儿园美术教育的总目标

幼儿园美术教育属于审美教育范畴，非专业美术教育。因此，促进幼儿的全面发展，培养健全的人格是幼儿美术教育的目标，具体包括以下几方面内容：

1. 萌发对美术活动的兴趣，有愉快的情绪体验和美好的情感。
2. 能感知周围事物和美术作品中的形式美与内容美，培养审美感受能力。
3. 能大胆地表现自己的经验、情感和想象，培养审美表达能力。
4. 初步学习多种工具和材料的操作，以及运用造型、色彩、构图等艺术语言表现自我和周围事物，培养审美表现和创造能力。
5. 养成良好的美术活动习惯。

三、幼儿园美术教育的基本原则

传统幼儿园美术教育活动受高结构教学理论的影响，强调美术知识和技能的灌输和传授。自从《幼儿园教育指导纲要（试行）》（以下简称《纲要》）颁布以来，教师们对幼儿园美术教育进行积极改革与尝试，但仍存在美术教育价值取向功利化的倾向，教育内容的建构缺乏对幼儿生活的关注，指导的方式忽视幼儿自身的情感体验与审美心理特点。

《3—6岁儿童学习与发展指南》（以下简称《指南》）的颁布犹如一场及时雨，再次为我们指明了方向。《指南》中艺术领域的子领域之一是"感受与欣赏"，倡导为幼儿提供审美感受与欣赏的机会，尊重幼儿的独特感受，支持幼儿的审美情趣和爱好；子领域之二是"表现与创造"，强调尊重幼儿自发的表现和表达，创设让幼儿自主表现与表达的机会和条件，营造宽松的心理环境使幼儿敢于表达和表现。在此指导思想的引领下，幼儿园美术教育应该体现以下原则：

（一）适宜性原则

幼儿教师必须全面了解幼儿，按照幼儿美术能力发展的规律与心理特点实施美术教育，指导幼儿的美术活动，才能更好地促进其发展。首先，教师要理论联系实际地研究和掌握各年龄段幼儿美术能力发展的一般规律，在此基础上对每位幼儿的当前水平与最近发展区做到心中有数，以便恰当地提出符合幼儿发展需求的美术教育目标。其次，教师还应研究幼儿美术活动的内容、方法和工具、材料等的性质，选择适宜的活动方法与材料，逐步构建与幼儿能力发展相适宜的美术教育课程。最后，教师要熟知幼儿在美术活动中的心理特点，以准确定位自己的角色，在幼儿需要的时候采取支持性的教育策略，给予适当的指导。如：在一次小班幼儿美术欣赏活动"漂亮的袜子"中，面对花花绿绿的袜子，幼儿特别想动手摸一摸、玩一玩，而教师却为了所谓的课堂纪律一再限制幼儿的行为，这就是教师不了解幼儿审美心理特点的典型表现。小班幼儿因为语言表达能力有限，他们在欣赏自己喜爱的东西时喜欢用动作、表情表达，教师应该多让幼儿看一看、摸一摸、玩一玩，自由地与同伴交流自己的感受，才能让幼儿始终保持对美术欣赏的兴趣。

（二）开放性原则

"科学的答案只有一个，而美的答案却有许多。"艺术作为文本是无限开放的，在美术活动中，教师从材料的投放、环境的创设、活动的指导到作品的评价这几个环节都应持开放的态度。首先，教师应投放多样化的材料与工具，放手让幼儿自主选择，积极与材料、工具互动；同时，还应该给幼儿自由选择活动内容的机会，包括命题的自由。其次，教师应为幼儿的创作提供宽松自主的心理环境，尽量少干预，气氛应尽量轻松、愉快，让幼儿自由充分地体验和表达。再次，在指导活动时，教师应将自己置于与幼儿平等的地位，在审美体验中尊重幼儿的独特感受，不要将成人的审美标准强加于幼儿；在创作活动中，教师要用富有耐心的专业观察支持幼儿的自我探究，用富有挑战性的开放问题激发幼儿的审美创造，尊重幼儿自发的表达和表现，对幼儿的自由涂画或随意剪贴的行为给予认同。最后，教师还要注意评价的方式，多用肯定式评价，多让幼儿自评和互评，少用统一标准去评价所有的孩子，不要根据自己的经验，轻率、盲目地去批评和否定幼儿的美术作品，评价标准亦不能以最后的作品或结果为依据，应侧重对幼儿在美术活动过程中的态度和习惯进行评价。

（三）游戏性原则

游戏是幼儿的天性。《指南》明确指出："幼儿的学习是以直接经验为基础，在游戏和日常生活中进行的。要珍视游戏和生活的独特价值，创设丰富的教育环境，合理安排一日生活，最大限度地支持和满足幼儿通过直接感知、实际操作和亲身体验获取经验的需要，严禁'拔苗助长'式的超前教育和强化训练。"游戏的自主性和创造性特质决定了游戏对于幼儿艺术能力发展的独特价值，对于幼儿来说，美术活动就是游戏活动，美术的材料和工具是幼儿的玩具，他们非常乐意动手尝试使用各种绘画工具画出不同的线条与图案，在"玩色"中体验各种色彩带来的审美愉悦，当他们完成一件自己自由创作的作品时，其成功的愉悦体验不亚于在结构游戏中用建构材料搭出一件物体。因此，教师在设计及组织开展幼儿园美术集中教育活动时，要充分考虑活动的游戏性，通过多种途径收集、归纳并精选出适合游戏化的美术教育内容、形式、题材，然后进行整理、加工，使美术教育内容本身成为一种快乐的游戏。

特别是对低龄幼儿，教师应放手让他们在玩中不断探索各种美术工具材料的使用方法，在涂抹中发现线条与色彩的变化形成的各种图案，在不知不觉中提高其审美能力、动手能力和创造力。教师还应多尝试开展美术区域活动，投放低结构的、多样化的美术材料，让幼儿有更多的机会自由选择、自主体验，像艺术家一样与材料积极互动，发挥幼儿的无限潜能，满足他们自我创作的愿望，激发其无限的想象力与创造力。

（四）体验性原则

《指南》指出："每个幼儿心里都有一颗美的种子。幼儿艺术领域学习的关键在于充分创造条件和机会，在大自然和社会文化生活中萌发幼儿对美的感受和体验，丰富其想象力和创造力，引导幼儿学会用心灵去感受和发现美，用自己的方式去表现和创造美。"在艺术领域的两个子领域的定位中，《指南》更是明确地指出，"感受与欣赏"是"表现与创造"的前提，艺术教育就应该从"感受与欣赏"入手，在此基础上进行"表现与创造"。教师应让幼儿尽可能多地感悟生活，引导幼儿到大自然和社会环境中去观察他们熟悉、喜爱的人或事物，通过感受大自然的美丽景色、欣赏名胜古迹的人文景观、观看传统民间艺术、参与地方民俗活动、参观美术馆与博物馆等多种形式去感受美、发现美；引导幼儿通过看、听、摸、玩等多种方式，形成对事物多方面、多角度的感性认识，进一步熟悉和把握日常生活中习以为常的事物的形态，发现蕴含其中的美的形式，逐步积累生活和艺术中的视觉语言、符号素材，并在幼儿获得丰富的感性经验与愉快的审美体验之后，与幼儿共同确定美术表现的主题，从而促使他们产生丰富的创作与表达。

第二章　幼儿园绘画活动的设计与指导

第一节　幼儿绘画能力的发展特点

绘画是幼儿表达自己美好愿望的语言和符号，它反映着幼儿智力的发展情况。随着年龄的不断增长，小班、中班、大班幼儿的绘画能力有不同的发展特点。

一、小班幼儿绘画能力的发展特点

1. 构思方面：小班幼儿对绘画主题的表现意图不高，绘画常常是先动笔后构思，一形多义是这个阶段幼儿构思的显著特点。

2. 造型方面：小班幼儿的心理符号由直觉控制，所以多半凭直觉印象，用简单的几何图形组合来描绘物体的粗略形象。能画出不规则的圆形、不规则的直线和弯弯的线，能将圆形封不规则的口。能区分大、小比例，能分辨直线与弧线。这个阶段的幼儿开始喜欢画人，但几乎会呈现出一个共同的造型特征，即没有躯干的人，我们称作"蝌蚪人"。

3. 色彩方面：小班幼儿处于识色阶段，认识多种纯色，差别大的深浅色能够分清，但不能明确表达出来。色彩对小班幼儿的吸引力超过造型，大部分幼儿无意识地使用颜色，使用颜色数目少，并且大多都选择纯度高、鲜艳明快的颜色来画画，常常只用一种自己喜欢的颜色，中途不换色。

4. 构图方面：小班幼儿最常用的空间表达方式是把每个形象在画面上进行罗列，每个形象之间相互独立，毫无秩序，但能表现大小、上下、粗细、长短的关系。

二、中班幼儿绘画能力的发展特点

1. 构思方面：中班幼儿开始有意识地运用所掌握的图形和线条表现自己的经验和愿望，喜欢边画边自言自语，饶有兴味地讲述自己画的东西。绘画内容易受他人影响并且容易转移。绘画形象含义易变，在画好的形象上再加几笔就说成是别的东西。

2. 造型方面：中班幼儿喜欢用线条、图形的组合来描绘物体，能表现出事物的基本部分，能画出正方形、长方形和相对规则的圆。

3. 色彩方面：中班幼儿开始从无意识涂鸦进入有意识涂鸦，对颜色有基本的认知能力，能辨别同类色的深浅。开始注意物体的固有色，但较少按物体的固有色彩选色。

4. 构图方面：中班幼儿不关注物体本身的比例关系，喜欢夸大印象深刻和认为重要的事物。知道前后、左右，喜欢采用基底线画法，即在画面上先画一条地平线，再在线上画其他物体。遇到客观有遮挡关系的事物时，会用"透明"画法，也就是把被挡起来的物体也画出来，也有人把这种特殊的构图方式叫作"X光画法"。

三、大班幼儿绘画能力的发展特点

1. 构思方面：大班幼儿表现出强烈的主观倾向和丰富的想象力，非常乐于表现自己主观的想象世界，喜欢事先构思再动笔。

2. 造型方面：大班幼儿能区分特大、中、小、特小，开始能理解并画出直线的横、竖、斜形态。开始尝试表现动态，不仅能用图形组合的方式造型，还能用线条描绘物体不规则的形象轮廓，表现事物的主要特征和细节。

3. 色彩方面：大班幼儿能认识并能调和出相近色，可以记住多组对比色。对色彩产生极大热情，用色的主观意愿性强。能够注意到物体的固有色，但是依旧较少按物体的固有色选色，会用色彩表现情感，懂得色彩的装饰美。

4. 构图方面：大班幼儿有构图概念，能理解遮挡、疏密关系。开始注意大小比例，但夸张的现象依然十分明显，比例的分寸掌握较差。不满足基底线画法，会创造多种多样的构图方式，典型的有：展开式构图，类似"太阳线""放射线"画法；多视点构图，就是把俯视、平视、仰视等角度放置在一个二维平面上进行表现，类似毕加索的"立体主义"画法。

第二节 幼儿园绘画活动的教育目标

幼儿园绘画活动的教育目标要以《纲要》和《指南》所提出的艺术领域目标为指导，结合幼儿的实际发展水平、经验和需要来确定。

一、幼儿园绘画活动的总目标

我们根据《纲要》和《指南》艺术领域的目标，从审美情感、审美感知、审美表现和审美创造四个维度来表述幼儿园绘画活动的总目标：

喜欢参加绘画活动，体验绘画活动带来的乐趣，能用自己的绘画语言表达自己的想法和感受。

能用适当的方式评价自己和同伴的作品。

知道各种绘画工具和材料的种类和基本用途，知道不同色彩、造型、构图的含义及其在实际绘画中的运用。

能运用和利用各种工具和材料，用线条、色彩、图案和图形组合等方式创造性地表现自己的想法和感受。

二、幼儿园绘画教育的年龄班目标

（一）小班

1.喜欢参加绘画活动，对绘画活动有兴趣，能快乐、大胆、轻松地作画，体验到绘画活动的快乐。

2.认识油画棒、水彩笔、水粉画笔和纸等绘画工具和材料，掌握其基本使用方法，握笔方法和姿态正确。

3.会画基本线条（直线、曲线）和简单形状（圆形、三角形等），能有控制地、手眼协调地表现线条的方向、曲折、粗细、疏密，感觉线条的变化，并将线条和形状用于表现日常生活中熟悉的、简单的单个物体的轮廓特征及其变化。

4.能辨别红、黄、蓝、橙、绿、紫、棕、黑、白等不同颜色,说出它们的名称,对色彩感兴趣。能用三种以上的色彩进行绘画。

（二）中班

1.能在小班的基础上进一步用多种绘画方法（如油画棒画、水粉画、水墨画等）作画,体验绘画的快乐。

2.能较正确地把握形状的基本结构,理解形状符号的象征意义。能用各种线条和形状表现感受过的物体的基本结构和主要特征。

3.能大胆地按自己的主观意愿作画,线条富有表现力。

4.认识12种常见颜色,能辨别同种色的深浅,能注意色彩的变化,能用较丰富的色彩表现事物。

5.能初步在画面上安排物体的上下、左右关系,能表现有韵律感、对称感的画面。

（三）大班

1.会利用多种绘画工具和材料,综合运用不同技法表现自己独特的思想和感受,体验创作的快乐。

2.能运用较有表现力的线条、形状和色彩,画出物体的变化和运动,组成内容较为丰富的画面,并注意画面的均衡、协调。

3.掌握相近色、对比色的搭配,能根据画面的需要,大胆、恰当地使用颜色表现自己的情绪情感。

4.能根据线索、记忆,较完整地表现感受过的或想象中物体的动态结构以及某些事件的简单情节,运用自己的构思和联想,画出具有独特性的作品。

5.能表现两个及以上物体之间的关系,能表现一定的方向以及前后、远近等简单的空间关系及主体与背景的关系。

6.能尝试与同伴分工合作,相互配合完成同一主题的绘画活动。

以上三个年龄班的绘画活动目标体现了幼儿绘画能力发展的阶段性和连续性。阶段性体现在目标不应该成为幼儿绘画水平的唯一标尺,应该要尊重幼儿的个体差异,将这些目标视为典型性表现比较合适。连续性体现在幼儿的绘画水平不是跳跃性发展的,而是波浪形、螺旋形发展的,但总体是由低到高发展。

三、幼儿园绘画教育活动的目标制定

由于各年龄班幼儿认知、经验和操作能力的差异，在具体的绘画教育活动实施过程中，目标的制定要注意以下几方面。

（一）活动目标制定要明确具体，具有操作性

教师要充分考虑幼儿的最近发展区，在具体课程实施过程中不要针对每一条目标及其表现设计集体教学活动，不要刻板地从每一条目标及表现中找"内容"，也不要把每个领域甚至每一条目标孤立起来设计和组织活动。

我们以中班绘画活动"奇妙的滑梯"为例，分析绘画教育活动目标的制定、修改与调整。

【活动目标】

1.欣赏滑梯的美，发挥想象设计各种各样的滑梯，获得愉悦的体验。

2.能表现滑梯的造型，发展自主绘画能力。

【诊断与分析】

目标制定过于宽泛，不明确，不具有操作性。

【修改】

1.欣赏滑梯的造型美，尝试在观察与写生的基础上发挥想象设计各种各样的滑梯，获得审美和创作的愉悦体验。

2.能运用不同的线条与形状表现滑梯的造型，发展自主绘画能力。

（二）抓住美术活动的核心目标

让目标回归美术领域，体现美术教育的价值，不能张冠李戴，和其他领域的目标相混淆。

我们以大班绘画活动"安全标志我设计"为例，分析绘画教育活动目标的制定、修改与调整。

【活动目标】

1.认识各种安全标志，感知标志的特征。

2.尝试设计标志，体验创作的乐趣。

3.进一步巩固安全意识。

【诊断与分析】

除了"尝试设计标志，体验创作的乐趣"这个审美情感目标属于美术领域外，其他目标已经严重偏离了美术教育领域，没有抓住核心目标。

【修改】

1. 理解各种安全标志的造型、构图和色彩上的区别，以及不同造型、构图和色彩所表达的安全警示意义。

2. 乐于用独特的绘画语言和材料，与同伴合作设计标志，体验合作创作的乐趣。

（三）凸显情感态度的目标

要符合《纲要》和《指南》精神，重视审美和情感教育，不能过分强调技能技巧。这是绘画教育的核心，教师应该清醒地认识到其重要性，并在实践中贯彻落实。

我们以小班绘画活动"房子"为例，分析绘画教育活动目标的制定、修改与调整。

【活动目标】

1. 能用三角形、半圆形等图形以绘画的形式表现房子。

2. 会辨别红、黄、蓝、橙等几种基本的色彩，并能用喜欢的色彩装饰自己画的房子。

【诊断与分析】

忽视审美情感，即忽视幼儿丰富的审美愉悦体验，重技能技巧的传授。

【修改】

1. 喜欢参与绘画活动，能愉快大胆地作画。

2. 能用圆形、方形等简单图形表现房子的轮廓特征，会用图形和线条组合创作两种以上不同的房子。

3. 会辨别红、黄、蓝、橙等几种基本的色彩，并能用喜欢的色彩装饰自己画的房子。

第三节　幼儿园绘画活动的内容选择

一、幼儿园绘画活动的类型

幼儿园绘画活动的类型繁多，因此，我们按表现方式和运用材料的不同进行分类。

（一）按表现方式分

按表现方式一般分为主题画与自由写生画。

1. 主题画。

（1）单个主题画。

幼儿围绕一个主题展开想象，把与之相关的物体形象恰当地安排在画面上，一般以单次绘画活动呈现单幅的作品。

（2）主题系列画。

根据主题内容的需要，将绘画活动预设成多次，每次活动之间存在一定的关系，一般呈现的作品是多幅的。当下幼儿园盛行的推进式主题画、绘本连环画、美术日记等，都属于主题系列画范畴。

2. 自由写生画。

间接以实物为对象进行描画的画，称为写生画。自由写生画指在绘画过程中可以添加作者的想象，追求"神似"而非"形似"。写生对象有日常生活用品、自然风光、人物、动物和植物等。

（二）按运用材料分

按运用材料一般分为油画棒画、线描画、水粉画、水彩画、水墨画、印画、版画、刮画、糨糊画等。

1. 油画棒画。

油画棒是幼儿常用的一种绘画材料。它可以像彩色水笔那样勾线，线条粗而有力，色彩鲜艳而细腻；还可以像水粉、水彩那样大面积涂色，可单色涂、多层涂、混合涂、并置涂、渐变涂。

油画棒画的一般作画步骤是先用油画棒直接勾线构图。勾线要大胆、细致，构图以画面饱满、生动、有层次为好，然后再涂色。还可利用油画棒涂出来的颜色有一定厚度和黏性，在它上面覆盖上纸，再画出图形，这样，纸的反面就出现了一幅拓印画。油画棒还可与水彩、水粉颜料结合使用，即油水分离画。

2. 线描画。

单纯用线画成的画即线描画，是最基本、最便捷的绘画形式之一。用线画物体不受光线、色彩的限制，更易于表现形体、结构，使幼儿更自如地认知世界。线描画一般有单色线描和多色线描。

3. 水粉画。

水粉画用笔技巧十分丰富，不同的感受可用不同的方法处理，常见的笔触有点彩、线条、色块，根据作画时笔中含水分量的多少，水粉画技法有湿画法和干画法之分。工具包含水粉笔、水粉颜料、水粉纸等。

4. 水墨画。

也称为中国画，工具有毛笔、墨、纸等。一般学习中国画用的笔是羊毫笔，最好准备大小各一支；墨用书画用的墨汁；纸应用宣纸，有生宣、熟宣等种类，写意画通常用生宣，工笔画用熟宣。颜料有专用的中国画颜料，也可用水彩画颜料代替。另外，还要准备洗笔桶、调色碟、毛毡等。

5. 印画。

利用身体部位（手掌、手指、脚掌等）或身边常见的自然物，沾颜料在纸上留下印记的一种绘画方式。常见的印画有手指印画、自然物印画、印章画等。

6. 版画。

版画是在各种不同材料的版面上通过手工制版印刷而成的一种绘画。适合幼儿园开展的版画有木刻版画、漏印版画、粉印版画、拓印版画等。

（1）木刻版画。

木刻版画是以木板为模板，在上面雕刻各种图案后，供幼儿用水粉或油画棒拓印各种色彩的画。

（2）漏印版画。

漏印版画是以卡纸为模板，用剪刀镂空好图案后，以海绵球蘸水粉颜料，在模板镂空的部分印出各种图案。

（3）粉印版画。

粉印版画是以吹塑纸为模板，用圆珠笔在上面用力画出图案的线条，使之产生凹凸感后，刷上水粉颜料，再用纸张印出图案。

（4）拓印版画。

拓印版画是用自然物拼贴或卡纸剪贴好图案后，将白纸覆盖在上面，用油画棒或油墨拓印出画面。

7. 刮画。

刮画是用竹制或木制的笔，在覆盖有涂层的彩色纸张上刮出各种线条、图案，多运用于线描画活动中。

8. 糨糊画。

糨糊画是将浆糊与水粉颜料按一定比例调合，用水粉笔涂抹在纸张上，再借助其他小物件刮出各种花纹，或将纸张对折压平后打开，产生自然的纹理，形成类似水墨山水画的效果。

二、幼儿园绘画活动的内容选择

对于幼儿园绘画活动内容的选择，教师既要考虑幼儿的兴趣、经验和接受能力，同时也要考虑幼儿的实际水平。

（一）符合幼儿的年龄特点

幼儿的绘画能力是随着其动作、思维发展水平而自然向前发展的，因此，幼儿园绘画活动内容的选择应符合不同年龄阶段幼儿的特点。

1. 小班。

小班幼儿感知觉逐渐完善，对生动形象、色彩鲜艳、新奇的事物和现象容易认识。因此对于小班幼儿来说，绘画内容的选择必须是幼儿熟悉的、喜欢的，在形象上要生动，在色彩上要鲜艳。

（1）自然界的事物。

小班幼儿身体和手的基本动作能力已经有所发展，可以选择一些自然界的事物进行点、线、形的绘画练习。教师可以提供自然现象如太阳、月亮、白云、雨、彩虹，植物如花朵、草、树、仙人掌，动物如蜗牛、蝴蝶、鱼等内容供幼儿绘画。

（2）日常生活中的物品。

日常生活中的物品包罗万象，但并非随意挑选就可以作为小班幼儿的绘画内容，要选择幼儿感兴趣的生活物品，如选幼儿爱吃的食物，像棒棒糖、棉花糖、糖葫芦；选择幼儿经常使用的物品，如球、伞、杯子；以及日常的服装配饰，如帽子、围巾、袜子等。

2. 中班。

中班幼儿观察能力更强，思维更活跃，想象力更丰富，能用已掌握的简单的几何形状表现越来越多的事物，并将其表现得越来越丰富，因此中班幼儿绘画活动内容的选择要注意丰富性，可以不受大小、形态、颜色的限制，以能让幼儿获得成功的体验为首选。

（1）自然界的事物。

自然界的许多事物可供幼儿观察、比较，如自然现象"太阳大聚会""宇宙星球大碰撞"；还可以选择表现人物，如"我的爸爸妈妈""我的老师""我自己"。

（2）日常生活中的物品。

选择的内容可以通过引导，让幼儿感受到所观察事物的差异性及多样性。如选择幼儿喜欢玩的滑滑梯、降落伞、划船；幼儿喜欢的玩具，如小熊、汽车、机器人；幼儿的服装和配饰，如圣诞帽、花裙子、服装设计等。

（3）儿童生活中的事件。

中班幼儿开始关注自己身边发生的日常事件，可以从中挑选一些作为绘画的内容，如"我是中班小朋友""过生日""逛公园"等。

3. 大班。

大班是幼儿的具体形象思维发展的高级阶段，其抽象逻辑思维开始萌芽。这个阶段的幼儿对事物的认识逐渐深入，能认识到事物之间的重叠关系。大班幼儿活动能力增强，所接受知识更加广泛，头脑中储存的形象增多，造型能力明显提高。选择的绘画内容可以更加丰富多样，以能激发幼儿丰富的想象力的内容为首选。

（1）自然界的事物。

可以选择身体中最容易变化的部位——手部画"手形画";可以选择自然现象的"霹雳啪啦大闪电""龙卷风""台风来啦";还可以选择植物,如"向日葵的计划""绿萝写生""火龙果""榴莲";可以选择动物,如"企鹅""海底世界";还可以选择人物动态,如做操、游泳、滑冰等。

(2)日常生活中的物品。

可以选择日常生活中比较新奇、另类的物品,如"设计机器人""童话城堡""未来的城市";可以选择服饰搭配,如"印第安人的服装""服装设计师";可以选择幼儿喜欢吃的和用的,如冰淇淋、肯德基、"我的书包"。

(3)儿童生活中的事件。

大班幼儿视野更开阔,更加关注自己周围的事件,可以选择一些合适的事件作为绘画内容,如"我们去郊游""化装舞会""参观动物园";还可以选择一些时事新闻作为绘画内容,如"神舟飞船""天宫二号"等。

(二)贴近幼儿的生活

幼儿生活的环境决定着幼儿绘画内容的选择,要选择贴近幼儿的生活、新鲜有趣的绘画内容。

1.结合节庆日选择绘画内容。

如小班,可结合中秋节画月饼,结合国庆节画红旗;如中班,可结合三八妇女节画"我的妈妈",结合教师节画老师;如大班,结合六一儿童节画"快乐的六一",结合新年画"欢欢喜喜过大年"等。

2.结合季节选择绘画内容。

一年四季中新鲜有趣的事物,会激发幼儿绘画的愿望。例如春天到了,下雨了,小班幼儿可以画小雨点、小蝌蚪、小蜗牛;秋天来了,秋高气爽,中班幼儿可以画"落叶飘飘""丰收的水果";冬天到了,大班幼儿可以画雪人、打雪仗等。

3.结合幼儿的兴趣点选择绘画内容。

可以从小班幼儿喜爱的玩具中引发出小兔、娃娃、积木等绘画内容;可以从中班幼儿爱玩的游戏中引发滑滑梯、跷跷板、荡秋千、游乐园等绘画内容;还可以从大班幼儿近期观看的动画片中引发画"汽车总动员""玩具总动员""疯狂的动物城"等。

（三）有充分想象的空间

孩子们的想象各不相同，想象力就像是汽车的汽油，是幼儿绘画前进的动力，因此教师可以为幼儿选择有充分想象空间的绘画内容。如选择"手形画"这个内容，用不同的手形来玩手影游戏，把变好的手形的轮廓描画在纸上，孩子们添画后变出了城堡、章鱼、狐狸、小兔子……他们展开想象的翅膀，创作出一幅幅充满新奇创意的作品。这种富有想象空间的内容既为孩子提供了想象的依据——孩子不是在凭空想象，又为孩子提供了充分的想象空间——不受具体物象的限制，可以自由发挥，没有"对"与"错"、"像"与"不像"的局限，从而使他们能更大胆地绘画。

第四节 幼儿园绘画活动的指导策略

绘画活动是幼儿认识和感受世界的一种方式，孩子们乐于用绘画来表达自己的感受和内心意愿，在画画过程中产生愉悦心情，因此，绘画活动是对幼儿进行情感教育的最佳工具，在幼儿健康成长过程中的作用是不可低估的，合理组织教育活动，科学辅导幼儿绘画就显得尤为重要。

一、幼儿园绘画活动的一般指导策略

（一）丰富幼儿的生活经验，为绘画创作积累素材

大自然和社会生活中的美景、美物、美的心灵无时不在，无处不有，关键是教师如何引导幼儿走进自然，感受生活，发现和欣赏自然环境和人文景观中美的事物。

教师可从离幼儿较近的、身边的事物开始，如幼儿园的户外环境是大自然的一部分，对幼儿认识自然、接受大自然的熏陶具有重大意义；西湖公园是我们的后花园，可以让幼儿感受人文和自然的完美结合；美丽的三坊七巷也可以成为幼儿欣赏、创作的主题；白塔、乌塔、江滨的夜景都可成为幼儿创作的素材。

教师还可以引导幼儿关注美的事物的色彩、形态、形状等特征，通过看、听、摸、玩等多种方式，形成对事物多方面、多角度的感性认识，进一步熟

悉和把握日常生活中本已习以为常的事物的形态，发现蕴含其中的美的形式，逐步积累生活和艺术中的视觉语言、符号素材，从而促使他们产生丰富的创作与表达。如在开展绘画活动"草儿绿"时，可先让幼儿在草地上自由地找找、看看、摸摸各种各样的小草，再回班进行绘画活动。又如在开展螃蟹水墨画活动之前，有条件的教师可以带幼儿去海边写生，没条件的可以买来实物，让幼儿在玩玩、看看、说说的活动中对螃蟹有了深刻的感受后，再根据自己对螃蟹的理解，用水墨的形式加以表现。这样，幼儿画出的画面才会丰富多彩，形态各异。

（二）运用多种方式导入活动，激发幼儿对绘画创作的兴趣

绘画活动的导入应在感知与体验的基础上进行，主要是唤起幼儿的积极性和自信心，教师可运用多种方法激发兴趣、导入活动。如谈话、游戏、故事、动画欣赏、谜语、儿歌、变魔术、手偶等多种形式的导入法，可吸引幼儿的注意力，让幼儿对所画事物有进一步的了解，有助于幼儿拓展想象的空间，激发创作的灵感，进而积极主动、愉快地参与到绘画活动中。如小班绘画活动"毛毛虫"，教师可通过玩手偶游戏"毛毛虫"导入，让幼儿感知动态的毛毛虫和静态的毛毛虫；中班幼儿绘画活动"小兔找太阳"，教师可以故事的形式导入，让幼儿对故事有了一定了解后，再创作故事连环画；大班绘画活动"我设计的闹钟"，可让幼儿在感知与体验之后集中讨论两个问题："你在玩闹钟时发现了什么？""你想设计什么样的闹钟？"

（三）营造宽松的环境，支持幼儿的自主创作

幼儿在绘画过程中不应受到教师强加的干预和控制，而应在愉快的气氛中自由地表达自己的所见、所思。教师在指导每一次绘画活动时，都应为幼儿创设轻松愉悦的环境，对幼儿抱肯定的态度，鼓励与支持幼儿大胆想象并采用与众不同的、自己喜欢的表现方式，在积极的情绪状态中进行个性化表达。如教师可选择与绘画主题有关的图片设计展板，布置在活动室周围；还可选择与绘画主题有关的轻音乐播放给孩子听，使孩子自始至终沐浴在温暖快乐的气氛中。重视幼儿在创作中的情感体验与态度倾向，才能促进幼儿心理健康，达到活动的目的。如中班绘画活动"有趣的汽车"：首先，教师可创设停车场场景，向幼儿提出问题："停车场里停了几辆车？什么车？车有几个车轮？"

其次，观察各种款式的汽车后，幼儿随着音乐用身体动作表现开汽车的动态；最后鼓励幼儿展开丰富想象："你认为今后科学家还会创造出什么款式的车？"引导幼儿画出自己所看到的汽车，如卡车、洒水车、救护车等，或者设计出各种各样自己喜欢的款式奇特的汽车，如手提包车、苹果车、房子车、鞋子车等。

（四）运用启发性的语言，激活绘画创作思路

幼儿的绘画活动是通过自身的情感体验来实现的，是自主发展的过程。教师在指导过程中要善于启发与诱导、倾听与等待，必要时给予幼儿适时适度的指导，但不能将自己的想法强加在幼儿身上。如小班绘画活动"小鸡"，教师可用鼓励性的语言启发幼儿："这只小鸡在哪里呀？""在找虫子呀，小鸡吃饱肚子又去哪里呀？"通过这些问题，引导幼儿观察各种动态的小鸡并进行表现。又如中班绘画活动"鞋子娱乐城"，孩子们把鞋子的外形变成一座城，教师可启发幼儿："城里的世界真美呀，我也想去城里看看，怎么进去呀？"很快，孩子们就创作出不一样的进城方式——城外的孩子有的爬楼梯，有的乘坐直升飞机，有的乘坐小鸟等，画面生动，富有想象力。再如大班水墨画活动"熊猫"，有的幼儿没掌握好熊猫眼睛的画法，画的像猴子，教师可引导幼儿："哦，这是一只可爱的猴子呀，他是熊猫的好朋友，他们俩哪里长得不一样呀？"引导幼儿通过观察了解熊猫的八字眼（用侧锋的点）、猴子圆圆的眼睛（用中锋的点），从而掌握熊猫的画法。

（五）合理运用评价方式，树立创作的信心

绘画活动结束阶段的评价重点应引向欣赏和获得满足上，从而使幼儿获得创作的愉悦感，因此，教师不能以布局是否合理、线条是否流畅、形象是否逼真、画面是否美观等高标准来评价幼儿的作品，更不能对看似凌乱实则思维独特的幼儿画搁置之不理或予以否定，这样会扼杀幼儿的创造力，降低他们绘画的热情，对自己的作品丧失信心。教师应该积极领悟幼儿为什么用某种画法来表达自己的感受，在评价幼儿作品时应做到以下几点。

1.以正面评价为主，采用幼儿自评、同伴互评与教师点评相结合的方式进行。

幼儿自评，可梳理自己的创作过程和想法，培养初步的反思能力，同时

也让别的幼儿受到启发；同伴互评，可以让幼儿学会关注别人、尊重别人、欣赏别人；教师点评，以正面评价为主，应承认和关注幼儿在经验、能力、兴趣等方面的个体差异，要看幼儿是否充分表达了自己的思想、情感，以鼓励幼儿的独特创意和发现幼儿的进步为主。

2. 评价的时间与形式应灵活多样。

绘画活动中的评价形式不是单一的。有在绘画过程中的个别评价，有在活动后的集体评价，还有在绘画活动开始前对上一次作品的评价。

3. 创设展示作品的空间，开展后续评价。

班级应开辟可展示幼儿绘画作品的区域，让幼儿有充分的时间互相欣赏同伴的作品，或把自己的绘画作品讲给教师、同伴听，开展讨论甚至争论，建立良好的互动关系。如，大班绘画活动一般在30分钟后还是收不拢，教师不宜强制性地打断幼儿的创作兴致，可以在活动后以作品集中展示的形式，让幼儿自由欣赏评价自己和同伴的作品。

二、各年龄班幼儿绘画活动的指导策略

不同年龄段的幼儿绘画心理特点与绘画能力发展各有不同，教师应根据不同年龄班幼儿的绘画心理特点与绘画能力发展水平采用适宜的绘画指导策略。

（一）小班

小班幼儿对事物的认知能力比较弱，生活经验比较缺乏，他们对事物的了解仍停留在早期阶段，描绘的物体形象是以主观直觉印象为依据的。这一阶段的幼儿由涂鸦期向象征期过渡，他们尝试用涂鸦期掌握的形状进行表现，但表现的动机和信心都十分脆弱，易发生动摇。他们的绘画内容很容易受外界因素的影响，会随着情绪的变化、生活经验的获得而改变，画出的作品具有随意性。教师应根据幼儿的这些特点，从以下几方面给予指导。

1. 为幼儿准备适当的绘画工具与材料。

小班幼儿小肌肉动作发育还不完善，精细动作还比较弱，教师要选择便于幼儿操作的绘画工具与材料，如油画棒、水粉笔、水粉颜料，用大张的纸或大面积的涂鸦墙，让幼儿进行简单的线条、涂色练习，还可以运用手指、手掌、脚丫、纸团、蔬菜、树叶、积木等进行印画活动，让幼儿在涂涂画画

中认识各种绘画工具和材料，掌握它们的使用方法，感受线条和色彩的美。

2. 以鼓励的语言引导幼儿绘画，用欣赏的眼光看待幼儿作品。

小班幼儿大部分还处在绘画的象征期，他们喜欢自由自在地表达自己对物体的感受，教师不应要求幼儿画出成型的作品，而应引导幼儿在看看、想想、玩玩的过程中进行绘画表现，大胆地作画。教师在指导过程中要鼓励和保护幼儿的信心，多用积极正面的语言指导幼儿绘画，切忌以看成人作品的习惯去评价幼儿的作品，要善于倾听幼儿对自己作品的解说，以欣赏的眼光看待每一位幼儿的绘画作品。

3. 多采用游戏法导入绘画活动。

游戏是小班幼儿最喜欢的一种活动，教师可为幼儿创设一个游戏情境，让幼儿在游戏中学习。如小班绘画活动"笔宝宝旅行记"，教师先对幼儿说："笔宝宝要旅游了，我们先带它去哪里呢？""去上海。"随着孩子们的回答，"笔宝宝"开始旅游了（画线条，到一个地方停一下，等孩子们说完，画面上就出现了长短不一、纵横交叉的线条）。孩子们边说边画，很快，画面上就出现了很多线条。又如小班绘画活动"滚珠"，可为幼儿准备一个盒子，把纸平铺在盒子里，将染有水粉颜料的珠子放在盒子里，让幼儿用手摇晃盒子，使珠子在纸上留下一条条各种颜色纵横交叉的线条。再如小班绘画活动"吹泡泡"，画前，可为幼儿创造一个吹泡泡的场景，让幼儿先玩"吹泡泡"游戏，使幼儿理解泡泡有大有小、有高有低，还有的泡泡会吹破。在绘画过程中，幼儿会边念着游戏的儿歌边画，饶有兴趣地在纸上画满大大小小的、高高低低的彩色泡泡，他们的情感也得到了极大的满足。

（二）中班

随着生活经验的丰富，中班幼儿所认知的事物也越来越多，这个阶段的幼儿观察能力增强，思维较为活跃，想象力也逐步提高，能用所掌握的简单的几何形状表现越来越多的事物，并将其表现得越来越丰富深入，但其绘画表现能力仍比较弱，画面的情节比较单一。根据这些特点，教师可以采取以下指导策略。

1. 以系列绘画活动逐步提升幼儿的绘画表现能力。

随着中班幼儿认知能力的不断提高，教师在安排绘画活动时可从简单的物体逐步过渡到复杂物体，让幼儿接触和表现各种不同的事物，以系列绘画活动让幼儿掌握多种同类事物或相同特征的事物的画法，并使画面表现得越来越丰富。如主题画"海底世界"，教师可先安排从单个主题的绘画活动"各种各样的鱼""乌龟""螃蟹""虾"等开始，等幼儿积累了一定的素材与经验之后，就能画出有情节、画面丰富的海底世界了。

2. 多采用观察法导入绘画活动。

在绘画活动之前，教师应尽可能多地让幼儿接近生活，到大自然和社会环境中去观察他们熟悉、喜爱的人或事物，引导幼儿感受美、发现美，在获得丰富的感性经验与愉快的情感体验之后再进行绘画创作，以激发幼儿丰富的创作与表达，体验审美与创造的快乐，促进幼儿自主绘画能力的发展。

写生是培养幼儿观察能力的有效方式，从中班开始，教师就可以组织幼儿进行写生活动。教师在指导写生时可引导幼儿从不同的角度进行观察，学习用简洁的线条描绘出各种物体的主要部分和基本特征，启发幼儿不仅表现物体的大致轮廓，还要区分物体的各个组成部分和细节并加以表现。同时还要引导幼儿把不同的事物联结起来，从单一的表现逐步过渡到有一定情节的表现。如绘画活动"好玩的滑梯"，在幼儿绘画之前，教师要给幼儿充分的体验时间，先让他们自由玩滑梯，在快乐的玩之中用身体接触滑梯的每一个部分、感受每一根线条。在幼儿拿起画笔之前，滑梯的形象已经深深印在他们的脑海里，在教师适时、有效的点拨与支持下，他们的创作就如行云流水般一气呵成。

3. 让幼儿尝试运用多种绘画材料与工具进行创作。

教师应投放多样的绘画材料，让幼儿尝试学习运用不同的绘画表现形式进行创作。如投放水粉颜料、水彩颜料、水彩笔、油画棒、刮画纸、砂纸、辅助材料等，开展水粉画、线描画、油水分离画、糨糊画、喷画、刮画、砂纸画、漏印版画、拓印版画等等，让幼儿感受不同形式作画所产生的不一样的艺术效果，享受绘画活动的无穷乐趣。

（三）大班

大班幼儿对事物的认识逐渐深入，能认识到事物之间的重叠关系，并能围绕着绘画的主题进行创作，合理地表达情节。他们已具备一定的绘画技能，而且能利用绘画经验创造出更多的绘画表现方法，并能综合、灵活地运用各种绘画工具和材料，依照自己的想法去创造、表达。

1. 引导幼儿更加细致地表现绘画内容。

教师在指导幼儿观察时，可让幼儿注意观察物体的细节和变化，懂得如何表现物体之间的主次关系、重叠关系，并能表现出物体的动态，能根据自己的经验、物体的特点加以装饰。

2. 开展多种表现形式的绘画活动，持续推进幼儿的创作。

随着大班幼儿生活经验的丰富与绘画表现能力的提高，教师应拓宽幼儿绘画的表现方式，如写生画、故事连环画、主题系列画、美术日记等，并给予幼儿宽容自主的绘画心理空间与创作时间，鼓励幼儿用不同的绘画表现形式，大胆地表现对事物的认识与情感。

3. 引导幼儿综合运用多种绘画工具与材料。

大班幼儿已能自如地选择并运用各种绘画工具和材料。在这基础上，教师可引导幼儿尝试用各种不同方法使用工具，综合、灵活地运用各种绘画工具进行创作，使画面产生不同的艺术效果。如主题绘画活动"古香古色的三坊七巷"，教师可投放各种绘画材料，让幼儿用水粉画、线描画、刮画、漏印版画、拓印版画、剪贴画等形式进行创作。

4. 开展合作绘画活动。

大班的幼儿合作能力进一步增强，教师可引导幼儿开展合作绘画活动。通过小组讨论、协商确定绘画主题，构思画面的整体布局，通过分工让幼儿明确自己在合作绘画中所要承担的任务。在绘画过程中，教师要引导幼儿学会合作、帮助、等待、思考，齐心协力完成一幅作品。在作品的欣赏与评价环节，让幼儿体会合作的重要性，感受成功合作带来的喜悦。

三、幼儿园不同类型绘画活动的指导

幼儿园开展的绘画活动类型很多，从工具材料看，可分为水墨画、版画、水彩画、水粉画、线描画等；从表现的方式看，可分为主题画、绘本连环画、自由写生画、漫画等。下面对其中几种绘画活动的指导策略给予介绍。

（一）主题画

主题画包括单次主题画与系列主题画两种，是以幼儿熟悉的事物或生活情景为题材，引导幼儿发现和欣赏周围环境中事物的美，并关注幼儿绘画创作的过程，以由浅入深、由简到繁的系列活动逐渐推进，让幼儿发挥艺术创造的主动性，激发丰富的创作与表达，体验审美与创造的快乐。

1. 选择贴近幼儿生活的、适宜的题材。

在选择主题绘画内容时，既要深入幼儿的生活，去发掘他们关注的热点，又要考虑不同年龄阶段幼儿的心理特点与绘画能力水平，选择、设计适宜的主题画系列活动。小班可设计开展以基本的点、线、形的练习为主要内容的主题绘画活动，如主题绘画活动"线儿绕呀绕"，其中的子活动有"绕毛线""棒棒糖""珠珠糖""妈妈的项链"等。中班幼儿喜欢用基本的几何图形来描绘生活中所见到的物体，教师可设计主题绘画活动"和图形娃娃做游戏"，如主题一"圆形变变变"，主要让幼儿借助生活中圆形的事物进行联想与创作，开展的子活动有"热气球""圆圆的闹钟""太阳大聚会"等。大班幼儿在情节的表现上大有进步，完全依照自己的想法去创造、表达。教师可选择贴近幼儿生活的、生动有趣、有创造余地、适合以绘画方式表现的主题，如"幼儿园的一天""古香古色的三坊七巷""我们的城市"等，每一个主题可结合幼儿的兴趣与经验设计子活动。

2. 开展推进式主题绘画活动，引导幼儿不断丰富作品的内容。

系列主题画活动的开展要从易到难、由简入繁地安排，活动的时间一般持续三四周，让幼儿有充足的时间去观察、体验，并将所积累的审美心理意象进行再创造，大胆用画笔描绘自己眼中的世界、内心的情感体验，建构个性化的绘画语言。如系列主题画活动"我们的城市"，教师安排的子活动有"马路上的车""高楼大厦""立交桥""热闹的街道""未来的城市"等，从活动的安排可以看出每一次的绘画内容都比前一次更丰富，而前一次的绘画活动则是后一次活动的铺垫与积累；当幼儿的绘画创作经验积累到一定程度时，教师又适时安排了想象画，让幼儿把前期积累的素材与经验进行再创造，将绘画创作推到新的高度。

3. 鼓励幼儿多元表征，丰富作品内容。

在同一个主题的绘画活动中，教师可为幼儿准备各种绘画工具和材料，让幼儿自由选择自己喜欢的工具材料进行创作。可提供水墨画、拓印画、水彩画、手印画、拼贴画、撕贴画等所需的工具和材料，让幼儿根据自己的兴趣自由选择，进行创作。例如主题绘画系列活动"画滑梯"，在活动一"写生滑梯"中，教师让幼儿在操场上自由选择自己喜欢的滑梯进行写生；在活动二"线描滑梯"中，教师引导幼儿用线描画的方式表现滑梯上的线条与细节；在活动三"创意滑梯"中，教师投放了多种绘画工具与材料，让幼儿用水粉画、油水分离画、剪贴画、版画等多种绘画方法表现自己想象的滑梯造型。

（二）自由写生画

写生画是幼儿在观察的基础上表现出事物的形状、大小、结构、特征、色彩等的绘画表现形式。写生画主要以培养幼儿的观察、表现能力为主要目的，是通过视觉形象来进行的，通过了解所画对象的组合特征，从而对物象获得初步的感性认识。

1. 为幼儿选择多样的、适宜的写生对象。

开展幼儿写生活动需要选择合适的写生对象。写生对象的选择与安排应遵循由易到难、循序渐进的原则。写生初期，我们可选择易于表现的、有利于增强幼儿自信心的简单的单个物体。如中班写生画活动"攀爬墙"，攀爬墙整体结构为平面，图案为简单的长方形，内置图形为正方形、圆形和点，形状特征很明显，幼儿能轻松地用几何形状进行绘画表现，从而激发对写生活动的兴趣。教师还可及时抓住幼儿的兴趣点，引导幼儿观察、写生。如大班写生画活动"下雨"，在雨中玩耍是幼儿最喜欢的事，在绘画之前，教师可让幼儿穿上雨衣、雨鞋，到雨中用手接雨点，用脚踩踩地上的雨水，近距离地观察雨滴。在充分地观察、感受下雨的情景之后，再让幼儿写生。幼儿不仅能画出自己所看到的雨滴、涟漪、溅起的水花等，还会画出孩子们雨中玩耍的欢乐场面，充分表达自己的内心感受。

2. 引导幼儿观察、表现物体的基本结构和主要特征。

写生的目的是让幼儿先学会观察，再学会表现。教师应引导幼儿采取由局部到整体的观察方法，从自己最感兴趣的地方开始画，把感觉和灵感调动起来，逐渐过渡到整体。初期幼儿画出来的画面可能是"似与不似之间"的形象，但教师要和幼儿交流，并给予肯定。如写生人物，教师应先让幼儿学会观察人物的外貌特征（头、身体、四肢），让他对人物有了一定的了解后，再开始动笔写生。幼儿在写生过程中要边观察边表现，教师在指导过程中不应要求幼儿真实地表现写生对象，因为幼儿还不具备整体表现物象的能力，还不理解比例、透视的原理，可能把人画得头大身子小，侧面的鼻子正面的嘴，而这些恰恰反映了儿童画幼稚可爱、天真烂漫的形象特点。幼儿是靠直觉去观察的，有他自己独特的表现方式，教师要多鼓励、少指点，更不能随意干涉，让他们始终保持轻松、大胆、自由的状态，不要管画得像不像，只要幼儿把他的艺术感觉表达出来就可以了。

（三）水墨画

水墨画是中国传统文化的重要组成部分，经过历代的积累和实践，逐渐形成了它特有的艺术语言，具有很强的民族艺术特性。水墨画构图注重有高有低，错落有致，线条简洁生动，有利于提高幼儿的艺术审美能力；水墨画的特点是落笔成形，不可更改，可以提高幼儿的思维能力和观察能力。教师可以从以下几方面进行指导。

1.掌握正确的握笔、用笔的方法。

首先，掌握正确握笔姿势。水墨画运笔姿势和其他画种不一样，是利用毛笔软质的特点和宣纸特有的肌理，通过点、压、提、染、印等方法来作画，这就要求幼儿掌握正确的握笔姿势。教师可用生动形象的语言讲解握笔要领："'笔宝宝'画画要先站直，大拇指爸爸和食指妈妈一起来捏住它，中指姐姐紧随食指扶住它，无名指妹妹和小拇指弟弟弯弯腰，垫住它。"经过一段时间的练习，幼儿逐渐掌握了握笔的技巧，慢慢地就能正确、轻松、自如地握笔了。

其次，学习正确用笔方法。水墨画的用笔方法有中锋、侧锋、顺锋、逆锋等，这些用笔的方法有别于其他画笔。可先让幼儿用毛笔自由地在纸上随意涂鸦，感受用笔方法的不同所产生的不同效果。等幼儿对毛笔有了一定的了解后，教师用形象的语言加以引导，如：中锋像小姑娘踮起脚尖跳舞，侧锋像小姑娘在睡觉，逆锋像小姑娘在爬山坡……在幼儿掌握了基本的用笔方法后，再选一些幼儿喜欢的动植物进行巩固练习，如画荷花、樱桃、丝瓜、虾等。

2.领悟蘸墨技巧。

为了让幼儿尽快掌握用墨的技巧，了解墨色变化的基本知识以及焦、浓、淡墨特点和配制方法，教师可以用游戏的方法进行。如：笔宝宝要去散步了，我们先给它喝墨，让它在宣纸上走走，它的脚印就是"焦墨"；另一个笔宝宝也饿了，我们喂它水喝，让它在焦墨走走，"焦墨"变成了"浓墨"；我们再给喝过水的笔宝宝喝很多水，让它在"浓墨"走走，"浓墨"就变成了"淡墨"。通过这些游戏，幼儿会自然而然地感受到水分的多少与墨色变化的关系，逐渐掌握控制水分的要领。

3. 欣赏大师作品，开拓幼儿的创作空间。

在开展水墨画教学的同时，可开展水墨画欣赏活动。教师可以发动幼儿一同收集齐白石、李可染、徐悲鸿、吴冠中等大师的作品，并将画作打印布置在活动室最显眼的位置，让幼儿置身于水墨画欣赏的氛围中，从中领略大师们的艺术风格，感受水墨画的意境、韵味和美感，调动幼儿学习水墨画的积极性。如：每次开展水墨画活动之前，先让幼儿欣赏不同画家画的同一题材的作品，使幼儿感受不同创作风格有着各自独特的美。在欣赏的过程中要引导幼儿感受水墨画所表现的事物和实物有何不同，充分感受水墨画的艺术表现特点，激发其创作的欲望。

4. 临摹大师作品，提高幼儿的创作水平。

临摹是学习水墨画的主要入门途径，国画大师的作品是最好的临摹范本。幼儿通过临摹能更进一步地了解每一幅作品中墨的浓淡的应用、线条的节奏、用笔的方法以及构图的方式，充分感受大师水墨画的表现形式，提升对水墨画的理解。

教师在选择国画大师的作品时，要充分考虑幼儿的兴趣与生活经验，应选择与幼儿的日常生活有着密切联系的作品。如齐白石的国画作品所表现的大都是生活中常见的蔬果、小动物等，非常适合初学阶段的幼儿临摹；吴冠中的国画作品打破了传统笔墨的形式特征，用流畅有力、富于韵律的线条表现大自然的美景，充满抽象派风格，适合幼儿在学习水墨画的后期阶段临摹，让幼儿不拘泥于传统的水墨画作画方式，大胆地想象、创作。

教师还可以引导幼儿结合实物观察进行临摹、创作。如，幼儿学习画熊猫，教师可先带幼儿到动物园看熊猫，感受熊猫的可爱，并用写生的形式记录熊猫不同的形态；再让幼儿欣赏韩美林、吴冠中、吴作人等不同画家的作品，观察他们所创作的熊猫有什么不同，然后启发幼儿想象熊猫还会干什么，会有什么样的动作等等；最后让幼儿自由选择一个主题，如"熊猫的一家""拔河比赛"等进行创作。这样，幼儿画出的作品就不会只局限于对大师的模仿，而更多地融入自己的想象与感悟，能体验到创作的快乐，提高对水墨画的兴趣。

（四）水粉画

水粉画是用水调合粉质颜料绘制而成的一种画。它的色彩可以在画面上产生艳丽、柔润、明亮、浑厚等艺术效果，对幼儿色彩认识会起到很大的帮助。在水粉画的创作过程中，幼儿还可以学会怎样去调色，了解色彩的变化过程，知道色彩在一幅画中的作用，感受色彩的无穷魅力。

1. 通过玩色活动了解水粉颜色的变化。

水粉画色彩变化多端，但所有的色彩都是从三原色变化来的。在指导幼儿画水粉画时，教师可让幼儿自由玩色，在玩的过程中发现黄色与蓝色调合可变成绿色，红色与黄色调合可变成橙色等。教师还可让幼儿尝试用两种或三种颜色的叠加来作画。比如，埃里弗的画作《帆》，背景的蓝色有深有浅，需要将白色和普蓝进行相加使用，教师在指导幼儿欣赏时可引导幼儿观察，并尝试用多种方法表现白蓝相间的效果，让幼儿在学学玩玩中逐步掌握水粉的特点。

2. 了解水在水粉画中的使用。

水粉画中水的使用很重要，教师可让幼儿自由体验，自主创作后，再引导幼儿观察、讨论水的变化对所画物体的影响。让幼儿了解水用得少画面会比较干涩；水用得刚好用笔就比较流畅，能盖住底色；适当地多用水，可以增强虚远和透明感，如天空、远处的山等，可表现一幅画中物体的空间关系。

3. 学习使用冷暖色。

教师可引导幼儿观察画家的作品中冷暖色的应用。让幼儿感受冷色调作品与暖色调作品的不同效果，引导幼儿学习用色彩表达心情。还可让幼儿学习通过冷暖色彩的混合使用来突出主体部分，冷色一般偏暗，暖色偏亮，如果主体色偏暗，背景色可以用暖色偏亮的颜色上色；如果主体色很亮，背景色可以用暗一些的颜色上色，这样创作出的作品就有明暗的对比。

4.学习使用不同材质的水粉笔。

水粉画可以使用不同材质的笔来绘制，教师可引导幼儿用水粉笔、水彩笔、毛笔、油画笔等来尝试表现同一题材的内容，让幼儿感受笔的不同可产生不一样的效果。水粉画用笔方法也很丰富，教师可让幼儿在画画玩玩中学会用平笔法、散除法、厚除法、点彩法等表现不同的物体，如天空可用平涂的方法，树叶可用点彩法来表现，效果会比其他方法更好。

（五）线描画

线描画，是用点、线和面结合绘画的一种表现形式。线条有直线、曲线、折线、波浪线等，点有大、小，面有圆形的面、三角形的面、不规则的面等。线描画能提高幼儿手部动作的灵活性、准确性，培养幼儿耐心、细致的习惯，还可以发展幼儿的想象力和创造力。教师可从以下几个方面进行指导。

1.观察周围事物的线与形，积累创作的素材。

教师可引导幼儿观察生活中的各种物体，发现各种线条以及点、线、面组合的自然美。如各种植物的叶片上的叶脉有着丰富的线条，自然形成不同的点、线、面的组合；大树的树干上有着不同纹路；铁艺围墙、栏杆也有各种线条与图形的组合。教师可引导幼儿以绘画的形式记录生活中的各种线条，为线描画创作积累丰富的素材。

2.欣赏优秀线描画作品，感受点、线、面组合的美。

教师可以与幼儿共同收集优秀的线描画作品，将其展示在班级美工区的墙面上，让幼儿感受线描画的点、线、面不同的组合方式以及线条的粗细和构图的疏密所产生的美感。如吴冠中的水墨画《春如线》，画家用不同线条、点来表示春天欣欣向荣的景象，富有韵律感；又如韩美林的《牛》，画面简洁，线条生动，用最简单的粗细线条和大小不同椭圆形的组合来表现牛的形象。

3.以生动有趣的形式，引导幼儿循序渐进地学习线描。

线描画最核心的是要学习画线条，要遵循由易到难、由简单到复杂的原则。

小班，可引导幼儿随意涂鸦或画出各种线条，根据自己的想象变成一幅画，如"好吃的面条""我帮妈妈绕毛线""草地上的花"等。

中班，可以配合一定的情境练习画各种不同的线条，如长线、短线、直线、曲线、折线、弧线、螺旋线、弹簧线、城墙线等。如中班绘画活动"我和线条宝宝做游戏",教师可以游戏的口吻引导幼儿:"线条宝宝要去旅游了,它要去哪里呀?去的路上它要走过一条小路(直线或曲线)、爬上一座座小山坡(波浪线)、走过一个迷宫(螺旋线)……"教师引导幼儿边讲故事边画线条,画完后根据自己的理解添画成一幅画。

大班,在幼儿能灵活应用各种线条后,教师可引导幼儿大胆构思,把各种造型不同、疏密不同、粗细不同的线组合在一起,构成一幅美丽的画。如大班绘画活动"美丽的树林",教师可启发幼儿把前期观察写生过的树叶、树干运用在线描画创作中,大胆地自由组合各种点、线、形,画出自己心中想象的树。

4.尝试用不同的绘画工具与材料进行线描画创作。

传统的儿童线描画基本上使用记号笔、签字笔以及粗细不同的水彩笔来作画,教师可引导幼儿尝试使用不同的工具和材料进行线描画创作,使作品呈现出不同的艺术效果。如用相同的笔在不同材质的纸(宣纸、蜡纸、彩色复印纸等)上作画,线条会产生不一样的变化;又如在同样的纸质上使用不同的笔(毛笔、签字笔、水彩笔等)作画,效果也不同。还可以用水粉画、水墨画、刮画等来丰富线描画的表现力,让幼儿从中感受线描画的丰富多彩与绘画艺术的无穷魅力。

第三章　幼儿园手工活动的设计与指导

第一节　幼儿手工能力的发展特点

手工活动和绘画活动一样属于幼儿的美术创作活动。幼儿手工创作能力的发展过程与绘画能力发展大致相同。但由于手工活动是一种三维创作，因而幼儿的手工活动能力发展又有其自身的阶段特征。

一、小班

1. 手工活动并没有明确的目标，不能有目的地制作出形象。小班幼儿只会纯粹地玩耍，通过握拿、抓揉、撕拉、拍打材料，感受纸张、黏土等材料的触觉感及它们形态的变化感，满足于摆弄和操作它们，感受着自主活动的快乐。

2. 选择使用的材料比较单一，较少使用辅助材料工具。小班幼儿大多满足于选择一种材料来制作，如用一团彩泥分别制作出皮球、火腿肠、饼干等。

3. 掌握的手工技能少，制作的作品形象简单。由于小班幼儿手部小肌肉发育不够成熟，所以能掌握的手工技能也比较少，制作出的物体形象比较简单，有时只是不规则的某种形状而已。

4. 会给制作好的"作品"命名。活动前幼儿往往不能确定自己想制作什么，当作品完成后觉得像什么就给个命名，如用彩泥做出一块近似圆球的物品，就用来代表一块饼干、一个太阳、一只小鸡等事物。

二、中班

1. 由无目的的动作逐渐发展为出现有意图的尝试。中班幼儿常常在制作开始时就明确或向同伴说明自己要做什么，然后开始动手制作。

2. 选择材料的种类增加。中班幼儿手工活动中愿意选择不同的材料进行制作，也会使用一些辅助材料帮助造型。

3. 开始学习使用剪刀等辅助工具，并掌握了一些手工的基本技能。他们喜欢使用剪刀等工具来创作，学习运用剪刀等工具撕、剪出简单的图形，能利用黏土的可塑性去展开各种尝试，能用纸张折出简单的物体，进而去实现自己的意愿。

4. 制作的作品还只能表现物体的基本部分。由于中班幼儿还不能熟练地运用各种手工制作技能，因此制作出的作品显得较为粗糙，只表现物体的主要部分，不注重细节，能表现简单的情节。有时有两部分形体的连接，也只是形体的机械相加，整体感不强。

三、大班

1. 活动目标更加明确。随着年龄的增长，大班幼儿活动前就能明确目标，逐渐地先构思再创作，按目标进行手工制作，制作过程中有明显的构思活动。

2. 能综合运用多种材料进行制作。如制作冰棒棍小人时，幼儿会选择毛根条做小人的四肢，绒球和毛线制作头发，彩纸和包装带制作衣服。

3. 会借助各种辅助工具帮助制作，实现自己的意愿。

4. 掌握了剪、画、绕、挖、黏贴等多种技能，并能综合运用。大班幼儿已不满足于仅用一两种技能制作简单的物体形象，能较熟练地运用剪、画、黏贴、折等多种技能，还能用较为流畅的方法来连接，使制作出来的物体成为一个有机的整体，而不同于中班阶段的机械相加。

5. 作品既能表现物体主要部分，还能注意细节特征。大班幼儿在制作出成品后，会按照自己的审美趣味，用添加等方式来表现物体的细节和特征，力求使作品更加完整、美观。

6. 大班幼儿进行手工制作的时间更加持久，能在一次活动时间内投入地制作，有的甚至还能用几次活动时间完成一件作品。

第二节　幼儿园手工活动的教育目标

幼儿园手工活动的教育目标分为手工活动总目标、各年龄班目标和某次活动的具体目标。

一、幼儿园手工活动的总目标

依据《指南》的教育理念以及幼儿手工能力发展特点，我们将幼儿园手工活动的总目标定位为以下三个方面：

能大胆地塑造和制作多种平面的和立体的手工作品，用以美化周围环境和进行游戏活动。

能积极投入手工活动，体验手工活动的乐趣。

学习多种手工工具和材料的基本使用方法，形成良好的手工活动习惯。

二、幼儿园手工活动的年龄班目标

（一）小班

1. 愿意参加手工活动，愿意尝试各种手工工具和材料，体验手工活动的乐趣。

2. 初步学习撕纸、拼贴、折纸（对边折、对角折），学习用搓、团圆、压扁、粘合的方法塑造简单的立体物象。

3. 初步养成安全、卫生、整洁的手工活动习惯。

（二）中班

1. 喜欢参加各种手工活动，能使用多种手工工具和材料表现自己观察或想象的事物。

2. 能用较为丰富、复杂的点状材料（如木屑、纸屑、泡沫屑）等黏贴出简单的立体物象，学习用纸折出（按中心线折、双正方折、双三角折）、剪出简单的物象，学习用捏的方法塑造出简单的立体物象，并学习用泥塑造平面的物象。

3. 初步学习用其他点状、线状、面状和块状的自然物体和废旧材料制作玩具。

4. 养成安全、卫生、整洁的手工活动习惯。

（三）大班

1. 积极参与各种手工活动，能综合运用多种工具、材料，以不同的表现方法创造性地表达自己的感受和想象。

2. 学习运用多种点状材料拼贴物象，表现简单的情节，学习用多种技法将纸折出物体的各个部分，组合成物体形象；学习用目测的方法将纸等面状材料分块剪、折叠剪来拼贴平面的物象或制作立体的物象；学习用拉伸的方法配合其他泥工技法，塑造结构比较复杂的物象，表现主要特征和简单情节。

3. 综合运用各种工具、材料和技法制作教具、玩具、演出服饰、道具等布置环境、美化生活，并注意装饰美。

4. 手工活动中能与他人相互配合，也能独立表现。

5. 养成安全、卫生、整洁的手工活动习惯。

三、幼儿园手工活动的目标制定

在一次具体的手工活动中，目标制定要注意以下几个方面。

（一）凸显不同类型手工活动的核心目标

不同类型手工活动的特点不同，承载的教育价值不同，所以各类活动的核心目标是不同的，应凸显各类手工活动材料的特性、独特的制作方法。如小班泥工活动"葡萄"的目标是"学习用团圆的方法制作葡萄"。中班折纸活动"青蛙"的目标是"培养幼儿学会看图示折纸的能力，学习用对角折、向外反折的方法折出青蛙，尝试看图示折纸；锻炼手眼协调能力"。大班剪纸活动"三坊七巷"的目标是"能用剪纸的方法表现三坊七巷各种房屋、坊巷的造型，自主探索解决镂空与黏贴的问题"。

（二）依据不同年龄班幼儿的发展特点

不同年龄班幼儿发展特点不同，所以同样的手工活动内容在不同年龄班的目标是不同的。如手工活动"制作帽子"，小班的目标定位为"运用围合、黏贴的方法制作帽子"；中班定位为"能选择盒子、箱子、纸张等不同材料，运用剪、黏贴的方法制作帽子"；大班定位为"自主选择材料，能综合运用剪、折、黏贴、画等方法制作造型别致的帽子,并进行装饰"。

(三)适当考虑手工活动制作技能方面的要求

幼儿在手工活动中的表现表达需要一定的技能支持,所以教师在制定活动目标时要适当考虑具体活动中幼儿必备的技能。因幼儿身心发展的不同特点,不同年龄段的技能学习要求是不同的。如小班撕贴活动"可爱的水母"的技能目标可定为"尝试动手将报纸撕成长条,黏贴出水母的触手";大班综合制作活动"淘气的小猴"的技能目标定为"综合运用画、剪、贴等技能,尝试用易拉罐制作小猴"。

第三节　幼儿园手工活动的内容选择

一、幼儿园手工活动的内容类别

幼儿园手工活动是幼儿发挥想象力与创造力,直接用手或操作简单的工具,对具有可塑性的材料进行加工、改造,制作出平面或立体的形象的一种教育活动。幼儿园手工活动按使用材料的不同大致可分为纸工、泥工、综合制作三种类型。

(一)纸工

1.剪纸。

剪纸,是主要运用剪刀或刻刀在纸上剪刻镂空,使其呈现出所要表现的形象的手工活动,是中国汉族传统民间艺术形式之一。剪纸有多种辅助技法,如撕纸、烧烫、拼色、衬色、染色、勾描等,使剪纸的表现力有了无限的深度和广度。幼儿园的剪纸活动主要有目测剪、沿线剪和折叠剪。

2.撕贴。

撕贴,是利用双手手指的配合来撕出所需图形,再贴成各种图案的手工活动。撕贴与剪纸最大的不同是把手指作为工具。幼儿园的撕贴活动包括自由撕、沿线撕和折叠撕。用于撕贴的材料应是薄而软的纸,韧性不能太强。

3.折纸。

折纸,是按照一定的步骤将平面的纸张折叠成立体的形象,是我国民间传统手工活动之一。折纸取材方便，复印纸、蜡光纸、报纸、挂历纸、广告纸等薄而有韧性的纸均可用来折叠。

（二）泥工

泥工，是通过双手操作或借助简单的工具将泥塑造成立体的形象，是幼儿园常见的立体造型手工活动。幼儿园泥工活动的主要材料有土黏泥、橡皮泥、软陶、面团等；辅助工具有泥工板、竹刀、滚筒、模具等。

（三）综合制作

综合制作，是利用多种材料（各类废旧物品、自然物等），运用多种技能（剪贴、拼插、连接等）进行平面或立体造型的一种手工活动。该活动对于促进幼儿的动手能力、想象力、创造力的发展有着重要的意义。

二、幼儿园手工活动内容选择的依据

幼儿园手工活动内容繁多，可用于开展活动的材料各种各样，选择适宜的手工活动内容是达成手工活动目标的关键。教师在选择手工活动内容上主要依据以下几点。

（一）来源生活

创作源于生活，幼儿亲历亲见的题材，才最利于引起幼儿共鸣，利于幼儿表达。教师应沟通生活与手工活动的联系，选择贴近幼儿生活，易被感知的内容，使幼儿体会手工就在身边，感受手工的趣味与价值，让幼儿对手工活动产生兴趣，以调动幼儿的积极性。

1. 内容生活化。

选择幼儿生活中喜闻乐见的、有过积极情感体验的事物作为手工活动的内容，如常见的动物、植物，幼儿喜爱的动画片角色，具有中国传统文化或当地本土文化特色的事物等。

2. 材料生活化。

教师可发动幼儿通过多种渠道收集利用生活中的废旧物品，如纸杯、纸盘、冰棍棒、果冻壳、废旧光盘、落叶等作为材料，开展手工制作活动。当幼儿看到纸杯做的福州白塔、小动物、台灯，纸盘做成的蝴蝶、瓢虫、鱼、小动物头饰，冰棍棒变成了小人儿、笔筒、简易相框，果冻壳做成的小推车、果冻蜡烛、小乌龟，各种形状的落叶拼成了漂亮的树叶贴画等，他们欣喜之情溢于言表，感受到手工活动的无穷乐趣，激发了无限的创作灵感。

（二）考虑年龄差异

相比于绘画活动与美术欣赏活动，手工活动更受制于幼儿手部动作的发展，因此教师在选择时，应考虑活动内容的难易程度要与幼儿的手部动作发展以及手眼协调能力相当，才能让幼儿在手工活动中充分体验成功的快乐，保持对手工活动持久的兴趣。如，小班幼儿手部小肌肉动作能力较弱，手工活动内容可选择自由撕贴与剪贴、泥塑自由造型、自由折纸等，让幼儿在大胆尝试中了解各种手工材料的特性，逐渐掌握工具的基本使用方法。随着幼儿年龄的增长，他们的手部肌肉不断发育，手眼协调能力有所增强，又掌握了一些操作工具和材料的使用方法，教师就可以选择更精细的、多种材料综合运用的、想象与创造空间较大的手工活动，让幼儿不断挑战自己的原有水平。

（三）注重小步递进

学习心理学指出，只有系统化了的内容才有助于儿童心智结构的建构。不仅是幼儿园手工活动的内容，幼儿园美术教育整个领域的内容都应遵循幼儿的心理逻辑，在帮助幼儿建构审美心理结构方面应是有序的、连续的、层层递进的，内容的安排应由易到难、由简单到复杂逐步深化。如，剪纸活动内容的选择与安排一般从随意剪开始，让幼儿充分地探索剪刀的使用方法，熟悉各类材料的性质；学习剪线条的顺序是剪短直线→剪长直线→剪曲线，学习剪图案是剪出对象的外轮廓→局部镂空，学习剪纸的方法是目测剪→沿线剪→对称折剪→二方连续折剪。这样小步递进式的内容选择与安排有助于幼儿在原有经验基础上建构新的经验，使手工活动的教与学自然而然、水到渠成。

第四节　幼儿园手工活动的指导策略

一、幼儿园手工活动的一般指导策略

（一）丰富幼儿生活，调动幼儿多种感官积累经验

幼儿由于知识经验不足，缺乏手工制作需要的表象积累，因此，教师应

注意帮助幼儿积累相关经验。可根据时令和季节的变化，因地制宜、因时制宜，引导幼儿观察周围房屋、马路、云彩、行人、花草树木等事物，让幼儿运用自己的感官去看一看、摸一摸、尝一尝、玩一玩，养成对周围事物观察、探索的习惯，从而获得大量感性认识，积累具体的、直接的经验材料，为日后的手工制作活动打下基础。如大班泥工活动"熊猫"活动前，教师带领幼儿到"熊猫世界"参观，引导幼儿观察大熊猫的外形特征、了解其生活习性，还观看熊猫明星表演的节目。在接下来的泥工活动中，每个幼儿能从不同的角度制作泥塑熊猫，每一只的形态都不同，有的表现熊猫在吃竹子，有的表现熊猫表演举重，还有的表现熊猫坐在树下休息。

（二）运用多种手段，激发幼儿对手工活动的兴趣

1. 借助作品欣赏。

让幼儿欣赏一些制作好的手工作品，感受作品造型的生动、色彩的美丽、动态的变化，能激发幼儿动手创作的欲望。如在泥工活动"小猫"的开始部分，教师出示制作好的作品《小猫》，伴随着故事《可爱的小猫》，引导幼儿欣赏感受作品《小猫》的色彩、动作的变化，帮助幼儿了解小猫明显的外形特征，从而激发幼儿动手泥塑小猫的欲望。

2. 利用手工作品创设环境。

创设良好的手工活动环境，发挥环境的刺激作用，对幼儿手工活动兴趣的培养同样是一个行之有效的方法。如，在开展折纸活动时，教师在活动区布置好红色纸折出的漂亮的花、绿色纸折出的可爱的小青蛙、五颜六色的纸折出的许多的鱼等折纸作品，给幼儿身临其境的感觉，能充分调动幼儿的好奇心和积极性，大大提高幼儿对手工活动的兴趣。

3. 创设游戏情境。

爱玩是幼儿的天性，幼儿喜欢游戏，因此将手工活动内容和游戏结合，让幼儿在玩耍中感受作品的趣味性，可以激发幼儿参与手工活动的兴趣。如折纸活动"小猴"的开始部分，教师组织幼儿手持作品"猴子"玩"猴子爬山"的游戏，让幼儿比一比哪只"猴子"爬得快。幼儿兴致勃勃地进行了比赛，接着教师鼓励幼儿自己制作，可以和更多的同伴进行比赛，幼儿积极响应。这样的手工游戏就激发了幼儿的兴趣和热情，充分调动了他们的主动性和积极性。

4. 借助故事、诗歌、谜语。

在手工活动开始时，教师用生动有趣的语言也能激起幼儿参与活动的兴趣，常用的形式有"猜谜语""念儿歌""讲故事""变魔术"等。如综合手工活动"小兔"的开始部分，教师请幼儿猜谜语"红眼睛、长耳朵、白皮袄、短尾巴，走起路来蹦蹦跳，爱吃萝卜和青菜"，幼儿根据谜语中说的外形特征和习性，很快猜出是"小白兔"，接着再观看"兔子"的视频，以此激发起幼儿制作"兔子"的兴趣。

（三）提供多种材料，丰富幼儿对于不同材料的操作经验

幼儿的手工制作意图大多是在活动过程中逐渐产生的，因而要多为他们提供多种材料和工具，支持幼儿手工活动的表现和创意。纸工活动的材料有各种厚薄、大小、软硬不同的纸张，可让幼儿在撕、揉、卷、折、剪、贴等活动中了解纸的软硬程度及它的可折叠、易造型、易破等特性，知道可使用剪刀、裁纸刀等辅助工具帮助造型；泥工活动的材料有橡皮泥、超轻黏土、黏土、面团等，可让幼儿在拍打、压、团、滚、揉、搓、捏等活动中，了解泥的可塑性；可作为综合手工的材料有许多，如盒子、纸筒芯、箱子、瓶子、扣子等，丰富的材料可引发幼儿因材施艺、因意选材。

（四）营造自由氛围，鼓励幼儿想象创造

首先，教师要转变角色、改变教育行为，为幼儿营造一个想做、喜欢做、有机会做的手工活动氛围，通过语言、行动上的支持与关爱，使幼儿树立自信，没有顾虑，自由自在地投入制作活动，进行多元化表征。其次，提供丰富多彩的材料可激发幼儿的创造性，有助于幼儿在活动中不断尝试探索，从而发现不同材料的性质，并举一反三地运用这些材料，创新出各种材料的不同制作方法。如"跳舞的小人"系列制作活动中，教师为幼儿提供了冰棒棍、勺子、纸卷芯、盒子、瓶子、纸杯、毛根条、皱纹纸、毛线、彩色纸、包装纸、棉花等材料，积极鼓励幼儿去尝试。幼儿在尝试中发现这些材料可任意选用并可综合运用，仅娃娃的头发幼儿就用了毛线、毛根条、毛球、扣子、棉花等不同的材料，运用了折、卷、扎、贴、包等不同的方法，所以最终呈现的作品各不相同。再次，手工活动中教师要通过认真的观察，发现幼儿的兴趣，捕捉幼儿智慧的火花，为幼儿提供适时、适度的帮助和支持，积极建构有效

的师幼互动，使幼儿跨越障碍，克服困难，获得成功，这也是支持幼儿创新的有效手段。

（五）传授必备技能，为幼儿表现已有经验提供支持

掌握一些基本的手工工具、材料的使用方法是手工制作中必需的，否则构思再好，也难以实现。首先，教师要注意根据幼儿身心发展的年龄特征，有选择地引导幼儿学习一些工具和材料的基本使用方法，而不是不顾幼儿身心发展的年龄特征，把有关手工制作的技能一股脑儿地全部灌输给幼儿。如同样是剪纸技能，小班幼儿可学习剪直线、弧线等线条；中班幼儿则可学习剪圆形、正方形、螺旋形等形状；大班幼儿就可学习对称、镂空的剪法。其次，让幼儿了解和认识一些制作工具的特征及用途，掌握各种工具和材料的基本使用方法，帮助幼儿形成技能，并将技能迁移到手工制作活动中去。再次，学习技能时教师可让幼儿先思考，发现问题所在，然后再用确切、浅显的语言讲解制作技法的原理步骤（着重讲解重点和难点），让幼儿通过自己的思考，在理解的基础上掌握技能技巧。具体的手工活动技能，还需要放手让幼儿自主操作，通过不断地尝试来习得。

（六）注重渗透整合，潜移默化培养幼儿良好学习品质

幼儿良好学习品质的培养是手工活动的隐性目标，所以，教师在组织手工活动时要有意识地将幼儿良好学习习惯和行为习惯的培养贯穿始终，在活动中既关注幼儿审美能力和创造能力的发展，同时关注幼儿自身各种行为习惯、学习品质方面的培养，实现手工能力提升和品质培养的双重目标。在基本技能学习中，教师要有意识地培养幼儿认真、仔细的品质；在创意手工活动中，有意识地培养幼儿的创新品质；请幼儿独立完成手工作品，培养的是幼儿的独立、自主品质；分组活动的组织形式需要的是组内幼儿的合作与互助，共同的作品让幼儿学会分享，带给幼儿的是集体荣誉感。手工活动还可以培养幼儿讲卫生、有条理做事的好习惯，如操作的时候正确使用手工工具、按需取用材料，活动结束后用过的东西要放回原处、清理桌面和地面的垃圾等。要培养幼儿良好的手工活动习惯，教师还要注意自己的言传身教，如在示范的过程中注意把剪下的纸屑放到废纸篮中、用完的剪刀放回原位、及时盖好胶水瓶的盖子等，让幼儿明白这些都是手工活动的必要环节。

（七）开展作品欣赏，帮助幼儿体验创作的成就感

当幼儿完成作品时，教师应充分尊重幼儿的创作，对幼儿的独特性、创新性、独立性、坚持性等方面的表现给予赞扬，同时鼓励幼儿大胆向同伴介绍自己的独特构思、表现手法和制作过程，共同分享制作的快乐。教师的赏识、同伴的认可是推进幼儿参与手工活动的不竭动力。此外，手工作品不同于平面的绘画作品，大多是立体的，教师要为幼儿准备一个固定、阴凉通风、不易被人碰撞的展示区，如柜子、桌子、网格架等，既可展示幼儿制作好的手工作品，还方便幼儿把未完成的作品暂时寄放，等到有空的时候继续制作。

二、幼儿园不同类型手工活动的指导策略

（一）纸工

1. 剪纸。

（1）创设环境，从欣赏剪纸艺术入手。

由于剪纸是一种民间艺术，对于现代的孩子来说平时接触得不多，因此，教师开展剪纸活动首先要为幼儿创设一个良好的剪纸环境，让幼儿了解、欣赏剪纸艺术，激发对剪纸活动的兴趣。教师可发动幼儿一起收集各类剪纸挂历、台历、师生剪纸作品、书籍等布置幼儿园的走廊、楼梯、玻璃门窗与班级的美工区，让幼儿一踏进园门，就能感受到浓浓的剪纸艺术氛围，耳濡目染剪纸艺术的美。有条件的话，还可以邀请当地剪纸艺人来园与幼儿互动，让幼儿领略剪纸艺术的魅力，从而萌发学习剪纸的愿望。

（2）巧妙设计，增加剪纸活动的趣味性。

剪纸活动本身是比较枯燥的，若没有足够的耐心与毅力很难坚持学习。幼儿喜欢新奇、有趣的活动，因此教师在设计与指导剪纸活动时，应充分考虑融入趣味性，以调动幼儿的活动积极性。

①赋予游戏情境。幼儿初学剪纸时，内容一般比较简单，要掌握的剪纸技能也比较单一，为避免活动单调，教师可根据剪纸活动的内容，设计幼儿感兴趣的游戏活动。如练习目测剪直线，便可设计为"学做小厨师"，让幼儿把方形纸张剪成细长的"面条"，比比哪位"小厨师"的"面条"做得好。

②以添画丰富剪纸画面。幼儿的小肌肉动作还未充分发展，在剪纸活动

中有一些精细的部分还无法剪出，教师可让幼儿用绘画来表现。如剪蝴蝶时，幼儿很难剪出蝴蝶的触角，教师可指导幼儿将剪好的蝴蝶粘贴在图画纸上，再用笔画出触角，还可添画花朵、草地等，让画面更丰富。

③将剪纸与儿歌相结合。教师可将幼儿在剪纸活动中需要掌握的基本要领编成朗朗上口、生动形象的儿歌，便于幼儿记忆。如让幼儿学习使用剪刀的方法，教师在正确的讲解与示范之后，可以朗诵儿歌："小剪刀，手中拿，大拇指住一间，食指中指住一间，其余手指在外边。对准纸，张开口，咔嚓一声，剪下来。"

④将剪纸作品运用于游戏活动或环境创设。幼儿在剪纸活动中用稚嫩的双手剪出的作品，教师若能充分加以利用，就是对幼儿最大的鼓励与肯定。当幼儿看到自己剪的"面条""服装"被投放在角色游戏中，剪的小动物、人物用于皮影戏表演，剪的拉花、窗花用于装饰班级环境，他们的成就感会油然而生，大大激发对剪纸的兴趣。

（3）循序渐进，传授剪纸基本技能。

幼儿园开展的剪纸活动仅仅停留于让幼儿欣赏、自由地剪是不够的，让幼儿学习一些基本的剪纸技能是非常有必要的。如前所述，教师应由易到难、由简入繁，系统地安排剪纸活动的内容，引导幼儿逐渐掌握各种剪纸技能。如先教幼儿剪直线和曲线，练习剪最基本的线条；等有了一定的基础，再让他们学习剪简单的图形，从学习剪圆形开始，到学剪月牙纹、锯齿纹等。在剪纸顺序上，教幼儿先从大的轮廓开始，再剪小的细节，最后逐渐修剪成形。在剪纸动作要领的学习上，教幼儿剪时应左手配合右手的动作转动纸张，以剪出更光滑的边沿。在剪的过程中还要逐渐教授一些技巧，例如，幼儿学习剪花朵，可从学剪"十字花"开始，只要将正方形纸上下左右对边折后，再剪去四个角，展开后就是一朵漂亮的花儿。接下来，教师可教幼儿在剪花瓣形状时加以变化，或将纸张对角再折一次，就能拓展出木棉花、樱花、迎春花、杜鹃花等各种花儿的剪法。等幼儿积累了剪花的相关经验，再学习对角折剪叶子，就可以创作一幅"春天的花园"剪纸作品了。这样循序渐进、新旧内容搭配，逐渐提升幼儿的剪纸技能，可让幼儿在每一次剪纸活动中都能体验到成功的快乐。

（4）借形想象，鼓励幼儿大胆创作表现。

剪纸活动中，剪刀就是幼儿的"画笔"，教师应充分鼓励幼儿大胆想象，剪出自己喜欢的图案，让剪纸成为幼儿自我表达的一种方式。教师在组织开展剪纸活动时，既要传授基本的剪纸技能，又不能拘泥于传统的剪纸教学模式，应不断创新剪纸的方法，设计能给幼儿更大的创作与想象空间的剪纸活动。借形想象剪纸就是一种低结构的、非常适合幼儿的活动。在借形想象剪纸活动中，幼儿没有太多格式化的限制，也不受剪纸技法的约束。刚开始剪时，幼儿可以随意将纸张剪成各种不规则形状，然后再将各种形状的纸进行自由想象，并修剪成自己想象的东西。如"靴子"借形想象剪纸活动中，教师引导大班幼儿先将纸剪成"靴子"形状再发挥想象，并用剪纸镂空方法表现出来。幼儿的创作灵感被极大地调动起来，他们将靴子变成了各种汽车、动物、怪兽、城堡……可谓奇思妙想、令人惊叹！接着让中班幼儿进行第二次创作，他们用哥哥姐姐剪纸留下的各种奇形怪状的边角料再进行想象，将各种黑色、白色、红色小碎纸片进行拼接、组合、叠加，创造出不一样的剪纸作品，抽象和现实结合，颇有毕加索、米罗的风范。这种无拘无束的剪纸活动令幼儿着迷，他们沉浸在自由表达与创造的乐趣中，感受到剪纸的无限魅力。

（5）建立常规，培养幼儿良好的剪纸习惯。

剪纸活动中，幼儿良好习惯的培养不能忽略。教师可为每位幼儿准备一个塑料剪纸工具盒，将纸和剪刀都置于盒中，人手一份。提醒幼儿将每次剪纸丢下的碎纸装在盒中，保持桌面、画面、地面和衣服的整洁。告诉幼儿不要拿着剪刀对别人比划；当需要使用其他工具时，要把剪刀合拢平放桌子上；需要转递给他人时应将剪刀的前端合拢握在手里，将手柄递给他人；使用完剪刀要及时套上剪刀安全帽，然后放回工具盒里；如果不小心被剪刀划伤，一定要先告诉老师。

2. 撕贴。

撕贴活动的指导策略可参照剪纸活动的指导策略，但还要注意以下几点要求。

（1）教给幼儿撕纸的基本方法。

由于撕贴活动是以手指作为工具，因此教给幼儿正确的撕纸方法很重要。

教师应传授给幼儿撕纸要领：双手的手指靠近分别捏住纸张要撕开部分的两侧，大拇指在纸的上面，其余四指在纸的下面，撕时两手向相反方向用力，每次撕口不要太长，以便控制所撕的形状，这样就能撕出所需的形象。一般来说，刚开始学习撕纸时，可先让幼儿自由撕，随着幼儿动作的发展，可逐渐引导幼儿学习沿轮廓撕和折叠撕。

（2）提供合适的纸张。

提供给幼儿撕纸用的纸张除了要具备薄而有韧性的特点，还不宜太大，因为大的纸张不利于幼儿控制手的动作，容易随意撕，不仅浪费纸，而且还撕不出所要的形状。

（3）运用不同的粘贴方法进行造型。

教师在指导幼儿撕纸时不能要求幼儿很准确地撕出一个完美的形象，应引导幼儿将各色纸张撕成各种形状之后，采用不同的方式进行粘贴造型。

①在画好轮廓线的平面形象或立体的造型上粘贴。此法适合于较小的碎片纸张，贴的时候先在画有形象的纸上或立体造型的面上涂一层胶水，再把碎纸片一片片粘上去，纸片之间的间隙要小，还应注意色彩的搭配。

②撕贴与绘画相结合。引导幼儿观察撕好的各种形状的纸片，大胆展开想象，拼贴添画成有意义的画面。

3. 折纸。

折纸是我国民间传统手工活动之一，做法是按照一定的程序，将平面的纸折叠成立体的形象。幼儿园折纸活动是纸工的组成部分，教师可以从以下几方面入手指导。

（1）伴随折叠各种形象，指导幼儿学习折纸的基本技能、术语和规则要求。

为了让幼儿在折纸活动时能较容易听懂教师的讲解、看清教师的动作，教师应先有目的地选几种简单的形象教幼儿折，以学习并掌握那些使用频率高的基本折法和术语，如边、角、中心点、中线、边对边折、对角折等。同时，要求幼儿按规则折叠，即对齐、对准、抹平、压实，让幼儿知道，如果没对准、抹平、压实，折出来的物体形象就容易歪歪斜斜、松松垮垮，既不美观又不结实。随着折纸难度和复杂程度的增加，教师再进一步教给幼儿更复杂的技法。幼儿可学习的折纸技法还有：集中一角折、集中一边折、四角向中心折、双三角折、双正方形折、双菱形折和组合折等。

（2）由易到难，循序渐进地引导幼儿学习看图示折纸。

由于折纸的特点，完成一个步骤以后，前面折的部分即被遮盖，所以幼儿不容易从已折出的样子中看出折叠的步骤来，有些跟不上教学节奏的幼儿就会遇到困难，或忘记折纸步骤。对此，教师可准备好步骤图，图上线条要简明，符号标记明显。在幼儿学习看图折纸时，教师可边演示边教他们识图，指导幼儿理解步骤图上的折纸符号。演示时，教师示范用纸要大些，手的动作要明显，每折一步都要指明折叠的依据和标准部位，语言要简练。待幼儿理解图示后，逐步过渡到仅演示难点部分，其他部分让幼儿自己看图折纸。当幼儿能看懂折纸的图示后，教师可引导幼儿将其迁移到各种折纸活动中。折纸活动如果只是教师示范，幼儿跟随学习，这样的机械重复，幼儿容易疲倦，对折纸失去兴趣，这就需要教师在折纸教学中根据幼儿的年龄特点选择不同的活动方式，把图谱法、创新法、拆分复原法、讨论分享法、行动操练法等方法综合运用到折纸活动当中，激发幼儿的学习兴趣和好奇心。

（3）针对不同年龄段幼儿采用不同的指导策略。

对于小班幼儿，应重在培养其对折纸活动的兴趣。开始时，教师可以在美工区投放许多颜色鲜艳、大小合适的纸，让幼儿随意地摆弄和折叠，同时对于幼儿随意折出的作品要给予积极肯定。一段时间后，待幼儿对玩纸有了较浓厚的兴趣，教师即可开始有目的、有意识地选择几种形象简单、好玩有趣的物品教幼儿折叠，以完成作品步骤只需五步左右的内容为好，并渗透学习那些使用频率较高的基本折法和术语。培养折纸活动的常规也是小班的重要活动内容，如引导幼儿学习取放纸张、爱惜纸张的方法。教师还可将折纸与绘画有机结合，在折纸的基础上引导幼儿简单地画一画、贴一贴，使折纸作品变成幼儿喜欢的好玩的玩具，马上就可以玩起来，这会让幼儿觉得十分自豪和快乐。

对于中班幼儿，应重在指导其认识常见的折纸符号，循序渐进地引导幼儿学习看图示折纸。折纸活动中，教师每折一个步骤就应告诉幼儿术语，反复使用术语以方便幼儿理解和记忆，为今后看图谱打下基础。当幼儿逐步理解折纸的常用术语后，教师可逐步出示相对应的折纸符号，帮助幼儿理解每一个符号、每一张图示的意思，让幼儿慢慢适应从口语转换到符号。在转换过程中，教师可尝试不同的方法，避免单一的方法让幼儿觉得枯燥乏味，如一开始可在演示时边讲解术语边画上符号；当幼儿会看符号后，教师和幼儿一起探讨折纸的方法，逐步实现直接出示图谱，代替从头讲解，让幼儿明确看图谱折纸时需按序号一步一步折方能完成作品。

对于大班幼儿，应重在引导其学习看图示折纸和自主折纸。在幼儿掌握了基本符号与基本折法后，教师要多启发幼儿独立观察，学习看图示自主折纸的方法。因为折纸之间有联系性，一样东西只要稍加改动就可以变成另一样东西，教师可鼓励幼儿结合已有经验，举一反三，运用组合、变形、添加等手法，折出新的作品，激发幼儿参加折纸活动的主动性、积极性，培养幼儿的创造能力和独立解决问题的能力。当幼儿在折纸过程中出现困难寻求教师的帮助时，教师可引导幼儿去寻求同伴的帮助。在"小老师"的影响下，会有更多的幼儿掌握新的学习内容，得到许多新信息、新经验，获得成功的体验。同时，幼儿会更认真、仔细地投入，为争当"小老师"而努力。

（4）投放适宜的纸张，促进折纸活动的开展。

折纸的难易程度与纸张的大小有关，太大的纸会让低龄幼儿在折纸时难以把握，太小的纸则对幼儿手部动作的精细化要求太高。通常小班12cm、中大班15cm左右，教师的范例纸则要比幼儿的纸大3-4倍为宜。在颜色的选择上应尽可能地挑选单面的彩纸（一面是白色的，另一面是彩色的），这样的纸能让幼儿清楚地感知折纸的方向，是往里折还是往外折；背面的白色和正面的彩色也能让完成的作品更形象、更具层次性。纸张的厚薄要适中，蜡光纸、彩色卡纸等都是不错的选择。

（二）泥工

泥工是幼儿园手工活动的重要组成部分，是运用泥、面团等材料，采用团圆、搓长、压扁、捏、挖、分泥和拉伸等技法进行塑造的活动。

1. 引导幼儿了解泥工常用材料的性质和工具用途。

常见的泥工材料有黏土、橡皮泥、超轻黏土、软陶、面团等，工具有泥工板、竹刀、拍板、模具等。教师要引导幼儿玩泥感知泥是柔软的，可任意变形，能相互粘结；帮助幼儿了解工具的用途，知道泥工板是放泥和塑造用的，竹刀和拍板用来刻画细节和修正作品，不同模具可印出不同形状的物品。

2. 结合创作指导幼儿学习泥工的基本技能。

泥工的技法有搓长、团圆、压扁、捏、挖、分泥、连接、拉伸等，运用这些技法可塑造出球体、卵圆形、圆柱体、立方体、长方体、中空体和组合体等基本几何形体。教师切忌将技能学习变成枯燥的技能训练，应在幼儿充分感受欣赏的基础上，用生动、有趣的语言启发幼儿自己动手尝试练习，之后再观察教师是如何用基本技能塑造出基本形状的，以求更好地掌握塑造的技法。

3. 根据不同年龄段幼儿特点进行指导。

（1）小班。

小班重点引导幼儿建立活动常规，培养幼儿对泥工活动的兴趣。

教师应多为幼儿提供玩泥的机会，让幼儿任意握拿、抓捏或拍打泥块，感受油泥和黏土的触觉感及它们形态的变化，感受彩泥柔软、可塑的性质。教师可引导幼儿认识泥工材料（黏土、橡皮或面团）和工具（泥工板、小刮刀、小滚轮、小棒等），让幼儿知道各种材料及工具的名称和用处。在捏捏玩玩中，引导幼儿学着用搓、团圆、压扁等基本技能，按照自己的意愿塑造简单的物体，如油条、黄瓜、馒头、土豆、鱼丸、饼干等。教师要注意在活动中培养幼儿良好的泥工活动常规，知道不能随便扔泥，不同颜色的彩泥不能混杂在一起；要爱护彩泥，爱护自己和别人的作品；保持衣服、桌面、地面的干净整洁等。

（2）中班。

中班重在指导幼儿学习团、搓、压扁、压坑、捏等泥工技能。

可以在小班的基础上指导幼儿学习连接（蛇）、捏边（包子、饺子）、在整体上捏出小部分（小勺、大象鼻子、葫芦）的技能，鼓励幼儿大胆按自己的意愿塑造，表现出物体的基本部分和主要特征，表现简单的情节，但不能追求形象比例的准确及细节。可多投放一些颜料、豆类、木棒、瓶盖等辅助性材料，引导幼儿尝试使用辅助材料和工具，运用已有经验进行塑造。如用剪刀把彩泥剪开，就成了"章鱼"的腿；在一个半球状物体上插上火柴棒就变成了"小刺猬"；纽扣可以作"娃娃"的眼睛；一小截干树枝可以当"苹果把儿"。另外，在活动中要引导幼儿与旁边的幼儿互换颜色使用彩泥，一方面既节省了材料，方便幼儿收拾，使得作品更美观，另一方面是为幼儿边学边玩边交流提供一个更好的机会。

（3）大班。

大班重在引导幼儿进行自主创作。

这阶段的幼儿已能自如地运用捏、团、压、拉等泥工的基本技能，会使用辅助材料和工具，教师可激励幼儿按自己的意愿创造作品，引导幼儿把作品制作得更细致、光滑、牢固，形象更加生动，并注意色彩的搭配。还可引导幼儿学习分泥、连接的方法，引导幼儿在塑造一个物体之前，尝试目测所需泥的量，尽量使物体各部分的泥量分配适中，这样塑造的作品就会比例协调、美观逼真；让幼儿知道连接部位要光滑、牢固，进而鼓励幼儿在整块泥中捏出物体的各部分，尝试细致、生动地表现出物体的主要特征和某些细节。另外，大班幼儿的泥工活动不应停留在苹果、萝卜、小鸡等单一的物体，而应以系列活动为主，可引导幼儿围绕某一主题进行创作，如"小熊请客""白雪公主""跳舞姑娘""水果""蔬菜"等。

（三）综合制作

1. 广泛收集材料，分类合理摆放。

本着教育源于生活的原则，教师应因地制宜，引导幼儿发现、收集生活中随手可得、安全卫生、经济实惠的废旧物品与自然物，再次挖掘它们的价值，进行有效利用。如生活当中的瓶瓶罐罐、碎布、毛线、果核、彩色电线、衣服夹子、树叶等一些唾手可得的可利用资源，甚至是我们饭桌上餐后剩余的形状各异、形象美观的海鲜壳类，都是很好的综合制作活动材料。教师可在幼儿园大门口或各班级门口设置"百宝箱"，随时收集师生带来的各类废旧物品。

在利用废旧材料开展综合制作活动之前，教师应将收集来的废旧物品进行清洗，通过浸泡消毒水、日光暴晒等方法进行消毒。接着指导幼儿用标签进行分类整理，放置在不同的收集箱中，用适合幼儿取放的层架摆放在美工区内。这样既有助于教师对废旧物品的管理，又有助于幼儿在活动中探究与思考。如可引导幼儿按废旧物品的材料性质分为纸制品、木制品、塑料制品、金属制品、布制品、自然物等类别，并组织幼儿对收集处理好的材料集中进行探讨：这些物品像什么？有什么作用？可以做成什么东西？可以自己动手完成，还是需要几个伙伴一起合作完成？让幼儿分析讨论、集思广益，为接下来的制作活动奠定基础。

2. 有效利用材料，支持幼儿创作。

"质材在艺术之内"，投放什么样的材料，决定了什么样的作品效果。不同物品的材质有不同的属性，而各种不同属性的材料带给幼儿的感受是不同的，从而能够引发幼儿不同的探究行为与思索。教师应充分了解各类废旧材料的特性，通过拓展思维，对废旧材料的运用进行仔细考量，尽量挖掘材料的多用性，对于"什么材料适合用于开展什么类型的手工制作"做到心中有数，才能启发幼儿探究、发现材料的特质，根据材料的形状、质地、颜色的特点进行不同的创作，或者启发幼儿按照自己的设想选择合适的材料进行制作。

为了便于幼儿了解与选择各种材料，教师可创设"材料超市"，将分类好的各类废旧物品与自然物一一呈现在幼儿眼前。开始制作活动之前，让幼儿充分观察、讨论，给幼儿充足的想象空间和时间，这一过程相当重要，因为在与教师、同伴的互动中，幼儿的发散性思维会被充分调动起来，许多创作的灵感会在此刻产生。教师要尽量避免直接下达"用什么""做什么"和"怎样做"的命令，即使幼儿出现各种奇怪的、不着边际的想法，也不应简单地加以否定。

在制作活动过程中，教师应将指导的重点放在启发幼儿一物多用或同一部位用多种材料表征上。如在手工活动"五彩鱼"中，教师应启发幼儿可利用毛根条制作鱼的尾巴、鳞片、眼睛等，引导幼儿选择不同的材料（纽扣、亮片、瓶盖等）装饰成鱼鳞。同时，教师还要放手让幼儿大胆尝试、探索，用不同的材料自由组合，使其变成美丽的工艺品和有趣的游戏玩具。如在美术区域活动中，教师可提供彩纸、碎布、毛线、彩色包装盒、树叶、电线等废旧材料，启发引导幼儿综合运用各种材料，通过撕、剪、拼摆、塑造、组合、粘贴等方式，展开想象，巧妙构思，各种材料相互搭配，创造出精美、生动、有趣的图案或造型，培养幼儿主动求新、求异的创造性心理品质与思维能力。

如用彩纸、碎布、毛线或彩色包装盒制作几何图形，拼粘成太阳、花儿、花瓶、大树、小鸟及其他造型各异的物体，用纸盒、饮料瓶、旧光盘组合制作机器人、大炮、汽车等……

3.注重活动推进，提升创作能力。

传统的手工教学活动通常是以一个独立的活动来进行的，活动结束后往往不了了之，幼儿的能力难以得到持续性的发展。在《指南》背景下的幼儿园手工活动不是孤立存在的，它是与区域、游戏、环境创设以及亲子活动有机联系的，综合手工制作活动更是如此。

首先，可在美工区中以系列活动的方式延伸。以某一类材料的制作为主线，教师可在材料的投放上体现层次性，不断推进幼儿的创作。如中班美工区活动"制作奶油蛋糕"，教师以各种形状的海绵块为主要材料，在第一阶段投放了水粉颜料、排笔，引导幼儿用排笔给"蛋糕"（海绵块）刷"奶油"（颜料），再给蛋糕"裱花"（挤压颜料画花纹）；第二阶段增加投放"魔法玉米粒"、形状各异的彩色亮片、彩色火柴梗、皱纹纸等供幼儿进行自主装饰，幼儿将彩色亮片想象成"巧克力"，将火柴梗想象成"蜡烛"，用皱纹纸搓成小团当"糖果"等，装饰的花样更多了；第三阶段又增加了奶油黏土与超轻黏土，引导幼儿将黏土与海绵块组合，在"蛋糕"的造型上进行创新，幼儿设计制作了"汽车蛋糕""房子蛋糕""小动物蛋糕"等，将创作活动推向新的高潮。

其次，以亲子手工制作活动的方式延伸至幼儿家庭。家长的参与及支持，会让幼儿产生极大的学习动力，从而保持对手工制作的持久兴趣，提升创作的水平。如大班亲子手工制作活动"漂亮的花灯"，教师让幼儿与家长一起利用各种各样的材料设计制作花灯，并带到幼儿园展览。幼儿带来的自制花灯可谓千姿百态，有的用光盘制作，有的用月饼盒制作，有的用竹制品制作，有的用奶粉罐制作……材料运用的多样性与款式设计的新颖性让幼儿大开眼界。教师还组织班级幼儿开展"花灯展览"，邀请全园幼儿与家长前来参观，使幼儿充分感受到手工制作的成就感，激发更大的创作热情。

4.充分利用作品，拓展创作空间。

幼儿园美术活动应注重幼儿作品的利用。综合手工制作因为所用材料的多样性，幼儿创作的作品有着更广阔的利用空间。教师应充分利用幼儿的手工作品，布置环境或投放在游戏活动中。如将幼儿制作好的手工服装、发型投放在角色游戏中，开展"服装店""美发屋"游戏；把纸杯、纸盘做的动物头饰、面具，塑料袋做的服装等投放在表演区；各类装饰性的手工作品用于布置班级及幼儿园环境等。幼儿手工作品再利用的意义不仅在于对幼儿学习的肯定与鼓励，使之产生满足感与成就感，还在于能打开幼儿的创作思路，不断激发幼儿的创作灵感，使其更加自主、更有创造性地运用各种材料进行制作，不断扩展创作与表现的空间。

第四章　幼儿园美术欣赏活动的设计与指导

第一节　幼儿美术欣赏能力的发展特点

幼儿美术欣赏能力的发展不仅与其生理机能有关，而且还受到其社会认识水平的制约。据相关研究发现，大部分幼儿都具备敏锐的感受力，他们能够感知到美术作品中的人物、时间和地点，也能够由美术作品产生一定的联想和想象，同样也会对美术作品有情绪与情感方面的反应。且随着年龄的增长，生活经验的增加，幼儿的感知力、联想与想象能力、情绪与情感的反应，也会随之提高。

一、小班幼儿美术欣赏能力的发展特点

1. 在审美情感方面，小班幼儿最乐于将自己带入画面的情节中，去感受画面人物的情绪、情感，因他们的快乐而快乐，因他们的害怕而害怕。这可能与小班幼儿还难以分清美术作品中的情景与现实生活中的情景之间的区别有关，因此在欣赏过程中，容易将自己的感知和情绪融合进欣赏的过程之中。

2. 在审美感知方面，小班幼儿最先发展的是对色彩的感知，能辨认几种常见的标准色，会将颜色正确配对，但对色彩的情感效果体验仅是一种泛化的情绪体验，并不能区别对待不同色彩。

3. 在审美表现方面，能初步运用动作、表情等表达自己欣赏后的感受。

4. 在审美创造方面，能用简单的线条和色彩进行欣赏后的创作。

二、中班幼儿美术欣赏能力的发展特点

1. 在审美情感方面，中班幼儿能通过欣赏产生与作品相一致的感受。与

此同时，幼儿的想象能力也较之前有了很大发展，对美术作品的联想与想象也更加丰富，能感受作品中形象的鲜明性和象征性，并体验其情感。

2. 在审美感知方面，中班幼儿随着观察能力的提高，开始关注欣赏对象的细节，能感受到作品中的线条、形状、色彩、质地等，体验作品的对称、均衡、节奏。对色彩有一定程度的情感体验，对色彩的冷暖色性有一定的识别力，普遍表现为喜欢暖色调，能用"高兴""快乐"等词描述暖色调。

3. 在审美表现方面，能说出自己喜爱或者是不喜爱作品的理由，并对作品做简单评价。

4. 在审美创造方面，能初步迁移审美经验，进行绘画、手工创作。

三、大班幼儿美术欣赏能力的发展特点

1. 在审美情感方面，能欣赏各种不同风格的美术作品，对审美对象开始表现出自己的偏好，更加关注自己喜好的事物和情景。

2. 在审美感知方面，能了解作品的形状、色彩、构图等美术要素；能感受作品的色调、色彩之间关系的变化；能感受作品中形象的象征和寓意，了解作品的表现手法、艺术风格和创作意图；有丰富的色彩情感体验，且易发生情感联想，如看到红色能联想到喜庆、热闹、激动等。

3. 在审美表现方面，大班幼儿随着语言能力的迅速发展，对美术作品的描述能力也比前两个年龄段有很大提高。在欣赏和评价他人的作品时，能讲述自己独特的观点，愿意与别人分享、交流自己喜爱的艺术作品和美感体验。

4. 在审美创造方面，能模仿作品的艺术风格，运用多种工具和材料进行创作。

总的来说，幼儿已经具备了进行美术欣赏活动的基本能力与兴趣，教师应重视美术欣赏活动的开展，有意识地引导幼儿关注身边的美好事物，促进他们的审美感知、审美理解、审美表达能力的发展，让美的种子在幼儿心间生根、发芽、开花、结果。

第二节　幼儿园美术欣赏活动的教育目标

幼儿园美术欣赏活动的教育目标定位直接影响幼儿园美术欣赏活动的内容建构以及方法运用，因此，应根据幼儿的年龄特点与美术欣赏能力的发展水平，在《指南》中艺术领域目标的指导下，正确定位幼儿园美术欣赏活动的教育目标。

一、幼儿园美术欣赏活动的总目标

依据《指南》的教育理念，以及幼儿的美术欣赏能力发展特点，我们将幼儿园美术欣赏活动的教育目标定位为：

对周围美好事物和艺术作品有审美兴趣，在欣赏中获得愉快的经验。

拓展审美视野，通过欣赏多元艺术，了解人类不同文化之间的相似性及其独特性，学会尊重和容纳世界多元文化。

丰富审美情感和想象，培养初步的审美感受力、理解力和表现力，能用语言、动作、表情等多种方式表达自己的审美体验。

对艺术作品有较敏锐的感受力，并具有知觉形式审美特征的能力，掌握简单的艺术术语，能叙述和谈论艺术作品。

激发潜在的艺术创造力，对美术活动充满兴趣。

在此目标之下，我们应注重培养幼儿对生活和事物的直观感受力，使他们能对大自然的风云变化、四季特征，以及周围环境中值得看的、值得听的、美的事物有感觉，激发和诱导他们产生自然的审美愉悦感，从而使他们对周围事物的审美更加敏感，并逐渐过渡到能够欣赏艺术品的美。

二、幼儿园美术欣赏活动的年龄班目标

（一）小班幼儿美术欣赏活动目标

1.喜欢参加美术欣赏活动，体验美术欣赏活动的快乐，初步养成集中注意力欣赏的习惯。

2.喜欢观察花草树木、日月星空等大自然中美的事物，对不同艺术形式

的作品感兴趣，初步感受不同艺术作品的色彩美与造型美。

3. 懂得欣赏同伴的美术作品。

（二）中班幼儿美术欣赏活动目标

1. 能关注具有美感的事物，能结合自己的生活经验欣赏美术作品。

2. 欣赏并初步理解作品形象和作品主题的意义，知道美术作品能反映现实生活和人的思想感情，并产生与作品相一致的情感与联想。

3. 初步欣赏并感受不同艺术作品中形象的造型艺术、色彩的变化与统一美、构图的对称与均衡美。

（三）大班幼儿美术欣赏活动目标

1. 能欣赏绘画、工艺、雕塑、建筑等艺术作品，感受作品中形象的造型美、色彩的色调及其情感表现性，构图的对称、均衡、韵律与和谐美。

2. 了解不同艺术作品简单的背景知识，进一步感受和理解作品的形象和主题意义，知道各类艺术作品如何反映现实生活和人的思想感情。

3. 积极主动参与美术欣赏活动，能用语言、动作、表情等表达自己对作品的感受和联想，愿意和别人分享、交流自己喜爱的艺术作品和美感体验。

以上三个年龄段的美术欣赏活动目标体现了连续性与渐进性。我们以大班幼儿美术欣赏活动目标为例来分析，目标首先指出了该阶段幼儿美术欣赏的对象应该是幼儿感兴趣的绘画、雕塑、工艺、建筑等艺术作品，要培养的是幼儿初步的发现美的能力。其次，目标从艺术作品的内容和形式两方面提出了不同的要求：内容上，要求幼儿了解作品简单的背景知识，进一步地感受和理解作品的形象和主题意义。在感受和理解的基础上，让幼儿知道艺术家是怎样用美术作品来反映现实生活和自己的思想感情的。形式上，要求幼儿从造型、色彩、构图三方面去感受作品的形式美，具体内容是，感受作品中形象的造型美，色彩的色调及其情感表现性，构图的对称、均衡、韵律。目标的最后一条要求幼儿对美术欣赏的情感态度应该是积极主动参与，这种积极主动参与的态度不仅仅是小班的"集中注意力欣赏"，也不仅仅是中班的"关注具有美感的事物"，而要求用行动上的"语言、动作、表情等表达自己对作品的感受和联想"。

三、幼儿园美术欣赏活动目标的制定

在具体的美术欣赏活动中，活动目标的制定要注意以下几方面。

（一）以美术欣赏活动的总目标和年龄阶段目标为重要依据

幼儿园美术欣赏活动目标是美术欣赏活动总目标与年龄班目标的具体化，要在总目标与年龄班目标之下制定美术欣赏活动目标，才能使目标更具适宜性与可行性。例如，同样是开展美术欣赏活动"漂亮的花瓶"，小班、中班、大班的目标分别为——

小班：

1. 初步感受花瓶的色彩美与造型美，体验欣赏活动的快乐。
2. 尝试用印章画装饰花瓶。

中班：

1. 能欣赏花瓶色彩搭配与装饰图案的美，并能大胆表达审美体验。
2. 尝试运用不同的绘画方法装饰花瓶。

大班：

1. 感受青花瓷瓶的清淡、素雅之美，能用语言、动作表达自己的审美感受与联想。
2. 了解青花瓷瓶花纹装饰的主要特征，能运用回纹、卷草纹等传统花纹进行装饰。

（二）以提升幼儿审美能力为核心目标

美术欣赏活动目标应充分凸显"审美"这一核心要素，从审美情感、审美感知、审美表现、审美创造四个方面来制定活动的具体目标。下面以小班美术欣赏活动"漂亮的袜子"为例，分析美术欣赏活动目标的制定、修改与调整。

【活动目标】

1. 懂得欣赏袜子的美，并能大胆用语言表达。
2. 能进行袜子配对，培养细致观察的能力。

【诊断与分析】

目标1的表述过于笼统，没有指明从哪几个方面欣赏袜子的美，缺乏操

作性即具体的实践指导价值。"能大胆用语言表达"这一点也不符合小班幼儿的年龄特点，小班幼儿词汇量还不够丰富，语言表达能力比较弱，在美术欣赏活动中他们更多的是用表情、动作表达自己对美的感受。

目标2的表述属于科学活动的目标，偏离了美术欣赏的核心目标。

【修改】

1. 初步感受袜子的色彩、图案和款式的美，能大胆表达对袜子美的感受。
2. 能用简单的线条与色彩装饰袜子。

（三）结合作品的时代背景与作者的创作意图，拟定切实可行的活动目标

教师要加强自身的艺术修养，在选择名家名作作为欣赏的题材时，应充分了解作品的时代背景，创作者的思想情感和表现手法，以便拟定出切实可行的活动目标。

例如，在开展大班名画欣赏活动"我与村庄"之前，教师查阅了相关的资料，了解画家夏加尔创作此幅画的灵感之源与思想情感，解读画面超现实主义的幻想风格所透露出的画家"夜夜梦回故乡"的思乡之情，拟定的活动目标如下：

1. 感受作品超现实主义的幻想风格所带来的梦幻般的美感，能大胆表达审美感受与想象。
2. 初步理解画家在画面中所寄托的思乡之情，能模仿画家的作画风格进行绘画创作。

第三节 幼儿园美术欣赏活动的内容选择

一、幼儿园美术欣赏活动的内容类别

幼儿园美术欣赏活动的内容类别可分为绘画作品欣赏、景观欣赏、实物欣赏这三大类。

（一）绘画作品欣赏

1. 名画欣赏。

古今中外大师的绘画作品是人类艺术的精髓，是美术欣赏必选的题材。幼儿可欣赏的绘画作品有水墨画、油画、水粉画、水彩画、版画等。教师可

选择写实与抽象两种不同表现形式的名家名作：写实作品如米勒的《拾穗者》、列宾的《伏尔加河上的纤夫》等；抽象作品如现代派艺术大师波洛克、康定斯基、米罗、蒙得里安，现代派国画大师吴冠中的作品等；另外，还可选择具有突出的艺术风格的作品，如印象派大师莫奈的《睡莲》《日出印象》，点彩派大师修拉的《大碗岛的星期天》，后印象派大师梵高的《向日葵》《星月夜》，立体主义大师毕加索的《格尔尼卡》《三个乐器师》《梦》，夏加尔的《我与村庄》，以及吴冠中的《森林》《白桦》等等。

2. 幼儿绘画作品欣赏。

幼儿绘画作品是幼儿表现自己情感和生活经验的主要载体，内容丰富多样，表现形式也各不相同，具有独特的个性，且幼儿年龄相仿，生活经验相似，表达的情绪情感能引起共鸣，是一种非常有价值的美术欣赏材料。教师可选择富有童趣的、能让幼儿产生共鸣的、能启发幼儿丰富的想象力的幼儿绘画作品作为幼儿美术欣赏活动的对象。

（二）景观欣赏

1. 自然景观欣赏。

大自然是幼儿审美教育取之不尽的源泉。壮丽的山川、碧翠的湖水、花草树木、虫鸟鱼兽都是幼儿欣赏的好材料。绚丽的朝霞、绮丽的黄昏、蓝天白云、冰雪树挂都可以激起幼儿的好奇心和想象力。春、夏、秋、冬的自然景物变化，花红柳绿的青山绿水，都可以为幼儿带来美妙的感受。面对成人已司空见惯的自然万物，幼儿会提出一个又一个问题，他们对自然有着美的感受和溯根究源的好奇心理，这正是自然美唤起了幼儿情感的愉悦，由这种愉悦感升华到美感，加深了幼儿对自然美的体验。因此，教师应充分利用自然美来培养幼儿的美感。在选择自然景物作为幼儿欣赏的对象时，应注意选取幼儿可以观察到的景物，并充分利用散步、春游、参观等活动机会，随时随地进行自然景观的欣赏。

2. 人文景观欣赏。

（1）雕塑作品欣赏。

从制作工艺看，幼儿可欣赏的雕塑作品有雕和塑两类。雕是从完整而坚固的坯体上把多余的部分删削掉、挖凿掉，这类作品有石雕、木雕等。石雕如西汉霍去病墓前的《马踏匈奴》、古希腊米隆的《掷铁饼者》，木雕如根雕。塑是用具有粘结性的材料联接结构成为所需要的形体，这类作品有泥塑、陶塑等。泥塑如无锡的惠山泥人阿福系列、天津的泥人张系列；陶塑如唐三彩。这些雕塑作品生动、形象，表现出一种生命的活力。

从表现形式上看，幼儿可欣赏的雕塑有圆雕和浮雕两类。圆雕是占有三维空间、不附在任何背景之上的立体雕塑。浮雕是在平面上雕出凸起的艺术形象，宜正面欣赏，如我国人民英雄纪念碑组浮雕。

（2）建筑艺术欣赏。

纪念性建筑，如长城、人民英雄纪念碑，法国巴黎的埃菲尔铁塔等。

宫殿陵墓建筑，如故宫、中山陵、埃及的金字塔、印度的泰姬陵等。

宗教建筑，如天坛、布达拉宫，法国的巴黎圣母院、柬埔寨的吴哥窟等。

住宅建筑，如北京四合院、安徽民居、福建土楼、云南竹楼，美国匹兹堡市郊的流水别墅等。

桥梁建筑，如卢沟桥、赵州桥、南京长江大桥、杨浦大桥等。

公共建筑，如天安门城楼、澳大利亚的悉尼歌剧院等。

（3）周围环境欣赏。

幼儿可欣赏的周围环境大致有室内环境和室外环境两类。前者如家庭环境、幼儿园教室环境等，后者如广场、园林、庭园等。

（三）工艺品欣赏

1. 从实用性与陈设性看，幼儿可欣赏的工艺美术作品有日用工艺品和陈设工艺品。前者如经过装饰美化了的餐具、茶具、灯具、家具、服饰、玩具等，后者如以摆设、观赏为主的壁挂、地毯、陶艺、玉石工艺、景泰蓝、染织工艺等。

2. 从民间艺术性看，幼儿可欣赏的民间工艺品有剪纸、民间玩具、面具、脸谱、风筝、花灯、皮影、刺绣等。

二、幼儿园美术欣赏活动内容选择的依据

教师对于幼儿园美术欣赏活动内容的选择，既要考虑幼儿的兴趣、经验和接受能力，同时还要考虑欣赏内容的广泛性和前瞻性。如前所述，幼儿园美术欣赏活动的内容林林总总，为幼儿选择什么样的欣赏作品，直接关系到

创设什么样的欣赏环境、提供什么样的欣赏教育、欣赏活动能否达到预期的目的。那么，从大师的美术作品到生活中的日用品，教师应该怎样甄选适合幼儿欣赏的内容呢？一般说来，为幼儿选择美术欣赏内容，可以从以下几方面考虑。

（一）贴近幼儿的生活

幼儿的眼睛关注的是那些贴近他们生活的或与他们性格特点接近的东西，当他们发现图片中有自己熟悉的东西时，总会欢呼雀跃、连续不断地重复喊出那些名称。绝大多数幼儿对描绘人、动物、花草树木、太阳、星星、月亮等内容的作品都很喜欢，这些作品在幼儿看起来有一种亲切感，易于理解。如中国画欣赏应以现代名家名作为主，选择与幼儿生活经验贴近的、富有生活情趣的作品，像齐白石的虾和瓜果、蔬菜，徐悲鸿的马、猫、鹰，李可染的牧童和牛，吴作人的熊猫，吴冠中的天鹅、森林等画作。

幼儿的欣赏喜好是有共性可循的，他们喜欢那些既同自己以往生活经验有相似度，又有所不同的新经验。教师要做的，就是了解幼儿生活中所能接触到的、感受到的各种感觉与知觉、联想与想象、情绪与情感等的生活经验，将能描绘、反映幼儿生活经验的美术作品或生活中具有美感的事物找出来与幼儿共享。引导幼儿从感受、欣赏身边事物的美逐渐过渡到欣赏艺术品的美。

以欣赏工艺美术作品为例，工艺美术作品欣赏内容可主要选择一些与幼儿生活有关的生动有趣的工艺美术作品。首先，结合主题和领域活动，欣赏幼儿喜欢的、与幼儿生活密切相关的、经过装饰美化的日用工艺品。如在中班主题活动"开心一夏"中，幼儿感受到夏天可以穿漂亮的衣服、裙子，夏天的服装很漂亮，款式很多，色彩鲜艳，于是他们萌发了展示夏天服装的愿望。由此，教师可生成"漂亮的夏装"这个美术欣赏活动，通过"收集美丽的夏装""夏装展览会""亲子时装表演"和"装扮美丽的我"等活动，让幼儿从款式、色彩、图案、质地等方面欣赏漂亮的夏装，感受丰富多彩的夏装的美，并在欣赏中获得愉快的审美经验。在小班"小小汽车迷"主题活动中，教师和幼儿共同布置汽车展览馆，以汽车展览会的形式引导幼儿欣赏汽车。每位幼儿都有坐汽车的经验和体会，男孩子尤其显得钟爱，所以在教师引导下，幼儿能从汽车的外形、色彩、图案等方面感受汽车的美，这样孩子在汽车玩具的世界中，不仅懂得玩，还在玩中感受到玩具所带来的美感。

其次，利用本土资源，欣赏具有地方特色的工艺品。如福州"三宝"与"榕城三绝"中的寿山石雕、脱胎漆器、软木画、纸伞、牛角梳、漆画都是非常好的欣赏题材，这些本土文化贴近幼儿生活，更容易为幼儿所喜爱。

再次，利用幼儿园环境布置，由欣赏福州特色工艺品到欣赏全国各地的工艺品，如无锡惠山的大阿福、天津的泥人张、江西的景泰蓝、北京的兔儿爷，还有剪纸、宫灯、风筝、中国结、扇子、京剧脸谱等等。欣赏工艺品主要让幼儿欣赏其造型美和装饰美，以及这些形式美所洋溢出的趣味、情调和生活气息，培养幼儿关注生活中美好事物的良好习惯。

（二）可接受性

古今中外的美术作品多似繁星、难以计数，教师应当根据幼儿的兴趣、经验和接受能力，从众多的美术作品中认真挑选出符合幼儿年龄特点的作品，这些作品的内容应是幼儿熟悉和理解的，其形象应是生动有趣、造型夸张的，其色彩应是明快、鲜艳、丰富的，其构图应简单、空间关系明晰，其艺术境界应是能够引起幼儿共鸣、拨动幼儿心弦。

特别是建筑艺术欣赏活动内容的选择，既要考虑能代表优秀文化遗产，又要照顾幼儿的心理接受能力。要从欣赏他们喜爱的、极为熟悉的建筑艺术开始，如当地民居建筑、天安门等，再由近及远地欣赏他们能理解的建筑艺术，如法国的凯旋门、悉尼的歌剧院等。

（三）艺术性

当然，选择美术欣赏活动内容时考虑幼儿的可接受性，并不等于降低美术作品的艺术性。相反，我们应当选择具有高度艺术性的美术作品。我们要用名人名作或是为社会公认的、有艺术欣赏价值的且适合于幼儿欣赏的美术作品来激发幼儿审美兴趣，培养幼儿健康高雅的审美情趣。名画欣赏既要有抽象作品也要有具象作品。抽象画主要是以点、线条、形状、色彩构成，这些形式层面的东西符合幼儿自由自在、不受约束的特点，也容易为幼儿理解、欣赏和接受。如蒙德里安线条、色彩简洁明了的作品《红黄蓝构成》《百老汇的爵士乐》，米罗色彩多样、形状丰富、充满童趣的作品《小天使》《人投鸟一石子》《哈里昆的狂欢》，波洛克的自由挥洒、色彩斑斓的行动绘画作品《秋韵》《大教堂》，吴冠中的充满流畅有力线条的现代国画作品《春如线》《小鸟天堂》等。还可以考虑为幼儿提供一些处于抽象和具象之间的作品，如早期印象派大师莫奈的《日出印象》《睡莲组画》，修拉的《大碗岛的星期天》，德加的《舞者》，后期印象派大师梵高的《星月夜》《向日葵》，立体主义大师毕加索的《三个音乐家》《亚威农少女》《梦》，自成一统的绘画大师卢梭的《睡着的吉普赛姑娘》《丛林组画》等作品，都是很好的选择。

（四）多样性

在为幼儿选择美术欣赏作品时，教师不能根据个人的欣赏趣味，而应充分考虑欣赏形式的多样性和内容的丰富性，安排各种具有挑战性的课题。

教师为幼儿选择的美术作品，可以是中国传统的美术作品，也可以是外国的美术作品；可以是生动形象的现实主义作品，也可以是非具象、无定形的抽象主义作品；可以是绘画艺术，也可以是建筑艺术；可以是名家名作，也可以是民间艺术；可以是成人作品，也可以是幼儿作品……只有这样，才能使幼儿从小接触不同风格的艺术作品，领略不同的风情画韵，开阔幼儿的视野，丰富幼儿的审美经验，激发幼儿自由表现的想象力和创造力。

第四节　幼儿园美术欣赏活动的指导策略

一、幼儿园美术欣赏活动的组织形式

幼儿园美术欣赏活动的组织形式多种多样，大致可以分为专题性欣赏、随机性欣赏和渗透性欣赏三种形式。

（一）专题性欣赏

专题性欣赏是一种比较正式的美术欣赏形式，是在教师直接指导和参与下，针对某个主题进行比较系统的美术欣赏活动，以获得美术欣赏的基本知识、能力和审美态度。专题性欣赏一般是通过专门的欣赏活动来实现的，如组织幼儿欣赏中外艺术大师的美术作品、民间艺术、建筑艺术等。

专题性欣赏的主要特点是：

有明确的活动目标，幼儿需要有意识地进行欣赏活动，并通过欣赏提高

审美能力。

主要以集体（包括全体和小组）活动的方式进行，将不同生活经验的幼儿集中在一起，按照一定的活动目标开展活动。

教师多采用显性的和直接的指导方式。

经过研究发现，全班性的集中欣赏效果并不理想，因幼儿人数多，与作品和教师互动的机会少，等待的时间太长，幼儿通过观察产生的感受、体验和共鸣没有机会或不能及时得到表达和表现，容易导致幼儿失去欣赏的兴趣。因此一般采用小组活动形式进行专题性的欣赏活动，即同一时间两位教师同时下班组织活动，把幼儿分成两组，每组人数控制在20人左右，一个教师带一组，这样每位幼儿均有充分的欣赏、感受、表达和创作的机会。在活动前，两位教师应共同确定活动目标、内容以及指导方式，活动结束后相互交流，共同反思。

（二）随机性欣赏

随机性欣赏是指教师充分利用日常生活、周围环境中的美好事物，在真实的生活情境中为幼儿提供广泛的、多种多样的欣赏机会，激发和诱导幼儿自然的审美愉悦感，增强幼儿对周围世界的审美认识、提高对美的敏感性，并能与艺术品相联系。在饭前饭后、午睡前后以及离园前等环节，可随机引导幼儿欣赏大自然的风云变幻、四季特征，幼儿园的环境布置，小朋友的服装配饰以及玩具等。外出春秋游时，引导幼儿欣赏感受美好的大自然风光和人文景观。如，有一次组织大班幼儿到于山春游，教师发现山脚下有一家书画展厅，厅里展示着精美的国画、书法和工艺美术作品，于是不失时机地组织幼儿进去观看。在上百幅国画中，幼儿感受到工笔画和写意画的不同，领略画家们用笔墨等技法描绘出来的多彩世界的意境、韵味和美感。随机性欣赏要求教师要为幼儿营造一个宽松的欣赏美的环境，要有引导幼儿发现美和欣赏美的意识，让幼儿以自己独有的方式领悟周围环境中的美好事物。

随机性欣赏活动的主要特点表现在：

没有统一的活动目标，只强调教师为幼儿提供一个宽松的欣赏美的环境，关注幼儿的活动过程，而较少强调活动的结果。

可以用集体活动方式进行，也可以用个别活动方式进行。

更能体现教育的个别化，教师可以根据幼儿的兴趣和经验，让他们以自己独有的方式领悟周围环境中的美好事物。

（三）渗透性欣赏

1. 美术欣赏渗透在幼儿园环境创设中。

《纲要》指出："环境是重要的教育资源，应通过环境的创设和利用，有效促进幼儿的发展。"在开展美术欣赏活动时，教师应重视多元化环境的创设对幼儿审美能力的影响，把形式美的元素渗透到幼儿园的每一个角落，让幼儿生活在童话般的乐园中，时时刻刻受到周围环境中美好事物的熏陶，从而丰富审美经验，提高审美能力，促进幼儿身心和谐发展。

（1）园内大环境的创设。

苏霍姆林斯基说过："校园环境美化如果与正确的思想世界相结合，就能使幼儿得到深刻的感受并揭示出一种真正的美。"幼儿园应精心营造一个安全温馨，充满艺术性、教育性、欣赏性的多元化环境，让幼儿置身其中，通过感受环境中的美，丰富感性经验，培养审美情趣。如，幼儿园的大幅壁画的画面应形象生动、色彩鲜艳、构图均衡、充满童趣，成为幼儿园的一道亮丽的风景线，吸引幼儿的视线；教学楼每一层走廊的柱子和顶面可布置成"艺术长廊"，展示福州、福建、中国和世界的名胜古迹、自然风光、人文景观、民间艺术的图片；天花板可垂吊教师和幼儿共同制作的风筝、宫灯、剪纸、中国结、扇子、花伞等造型、图案、色彩、质地各异的民间工艺品；还可利用楼梯墙面开辟"幼儿画廊"，展示国内外大师的经典名画、建筑雕塑图片以及幼儿美术作品等。除此之外，教师还应精心创设幼儿园的自然环境，使幼儿园尽可能浓缩大千世界的奇妙景观。如，幼儿园操场四周与种植园应种植郁郁葱葱的各种树木和花卉，一年四季都有美丽的花朵开放，把幼儿园打扮得异彩纷呈。幼儿在不知不觉中感知周围环境中美好的事物，潜移默化地受到美的熏陶和启迪，陶冶了性情，审美能力也得到了发展。

（2）班级小环境的创设。

幼儿在园一日时间大部分是在班级里度过的，所以在班级教室里创设丰富的美术欣赏环境显得特别重要。教师应以"展示美"为主要原则，和幼儿共创具有欣赏性、教育性、趣味性的班级教室环境，营造浓浓的美术欣赏氛围。

如教师可利用活动室墙面布置"美术欣赏互动墙",张贴中外大师的经典绘画作品,以及自然风光、花草树木、建筑雕塑等图片,也可展示幼儿欣赏后创作的作品;还可以创设"美术欣赏区",根据欣赏内容,在区角投放相应的操作材料,将美术欣赏和美术创作活动结合起来,调动幼儿各种感官,加深对作品的理解。如大班欣赏国画活动,可在区域投放国画大师的作品图片、笔墨纸砚和颜料,让幼儿自由选择进行作画。中班开展欣赏活动"美丽的夏装",教师可在欣赏区投放幼儿自己带来的美丽服装和各种饰品,让幼儿自由选择搭配服饰进行时装表演;还可投放笔、颜料、剪刀和各种彩色纸,让幼儿设计自己喜欢的夏装。

2. 美术欣赏活动渗透在其他领域活动中。

美术欣赏活动应有机整合到其他领域的活动中,充分发挥教育的整体效应。一方面,教师要充分挖掘其他领域活动中美的成分,作为美的欣赏教育资源。如在中班开展探究性主题活动"春天"时,由幼儿生成的探究内容"春天的昆虫——蝴蝶",在幼儿探究蝴蝶的花衣裳是什么样的时候,教师可引导幼儿对蝴蝶翅膀的花纹、颜色、图案及对称美等形式美元素进行欣赏,既很好地达到认识蝴蝶外型特征的目的,同时又提升幼儿审美能力。另一方面,教师还可以利用美术欣赏来丰富其他领域教育内容的趣味性。例如,在语言活动欣赏散文诗《美丽的秋天》时,教师可配合展示体现秋天景色的挂图,让幼儿边倾听优美的散文诗,边看挂图欣赏美丽的秋景。通过文学的语言辅之以形象生动的教具,帮助幼儿运用视、听联觉创造审美意象,得到美的享受。同时,也可以利用形象生动的美术作品,增进幼儿对语言的理解与想象。

一般而言,专题性欣赏的指导要全面些,随机性欣赏和渗透性欣赏的指导可简练些、突出重点;专题性欣赏是幼儿美术欣赏活动的基本形式,随机性欣赏和渗透性欣赏是专题性欣赏的补充和扩展。

二、幼儿园美术欣赏活动的指导方法

(一)对话法

对话法是指在幼儿园美术欣赏活动中,教师以语言为中介引导、启发幼儿,并在教师、幼儿与美术作品三者之间展开讨论、交流的一种方法。由于对话的基本结构是问与答，所以此法也称问答法，它是指导幼儿美术欣赏的基本方法。依据现代美学关于"艺术作为文本是无限开放的"这一观点，美术作品的意义不是固定不变的，同一件美术作品，在不同时代、不同场合，不同的欣赏对象心中，都会显现出新的意义。所以，美术作品蕴涵意义的多样性，只有在与欣赏者的对话中才能生发出来。

在美术欣赏教育中引入对话法，是为了弥补长期以来幼儿美术欣赏教育单纯采用的灌输法所带来的缺憾。灌输法就是高支配低统整的直接指导法，教师以自我为中心，将自己掌握的有关美术作品的知识灌输给幼儿，幼儿缺乏自身的感知与体验，没有直接与美术作品对话的机会，长此以往，会丧失自我感受、自我加工信息、自己主动创造的能力，最终导致审美素质的下降。在美术欣赏教育中运用协同合作式的对话法，教师、幼儿与艺术作品之间不再是一种灌输与被灌输的关系，而是一种平等的、对话式的、充满情感的双向交流的关系。幼儿不再是被动接受，而是积极参与，他们的潜力在不断的对话碰撞中得到新生的成长。

对话法是一个双向交流的过程，欣赏者与美术作品之间的对话，更多的是通过审美体验和领悟而进行的非语言性信息沟通。由于幼儿的心理发展水平、知识经验等方面的原因，使得他们不可能直接地与美术作品展开有效的对话，所以就需要教师作为中介进行引导，帮助幼儿与美术作品对话。最初，可以由教师讲解分析，并提出少量问题，这样的方式适合小班幼儿；以后逐步过渡到问答，教师以提问的方法引导幼儿欣赏，这适合于中大班的幼儿；大班后期可以进行一些幼儿与美术作品的直接对话活动，但要在教师的欣赏提示下进行，最后让幼儿用语言或其他表达方式反馈自己的审美感受。

运用对话法指导幼儿欣赏时，有些教师不知从何下手。事实上，最简单的方法就是教师首先与美术作品进行对话，找出作品的特点、欣赏的要点，然后将其转化为开放性问题，如：这幅画上画着什么？（引导幼儿欣赏内容）你看了这幅画有什么感受？（引导幼儿进行主动的审美体验）你为什么会有这种感受？（引导幼儿从内容美和形式美方面进行分析）你喜欢这幅画吗？为什么？（引导幼儿理解作者的思想、感情和深刻内涵）这样层层深入地引导幼儿认真读画、自由讨论，避免一些"是不是""漂亮吗"等封闭式的问题。

在美术欣赏中要实现三种对话，即教师与作品的对话、教师与幼儿的对话、幼儿与作品的对话。孔起英教授指出："作为欣赏者的幼儿，由于其心理发展、生活经验、艺术经验等等都决定了他们的视界不可能迅速、有效地与作为文本的美术作品的历史视界融合。因此，需要教师作为中介来进行引导，帮助他们和美术作品进行问和答。"也就是说，在美术欣赏中教师是实现"幼儿与作品对话"的中介，教师通过与幼儿的对话发挥中介的作用，最终目的是为了让幼儿调动多种审美心理功能共同活动，把艺术家的情思意绪和审美创造在内心深处弥散、交融，从而达到一种潜在的心灵沟通和内在的自我交流。那么，在美术欣赏活动中，作为中介的教师应该怎样与幼儿对话才能有效地实现幼儿与作品的对话呢？在此借助名画欣赏活动实例对这个问题做进一步的阐述。

1. 学会共情，架起幼儿与作品沟通的桥梁。

在心理学中，共情指的是一种能深入他人主观世界，了解其感受的能力。通俗地讲，就是把自己想象成对方，用他的眼睛看他的世界，认同他的想法与感受。在开展名画欣赏活动之前，教师首先要与名画的作者共情，站在画家的角度欣赏画面，想象画家创作的灵感之源，深入解读画家的情思意绪，与作品展开充分的对话，从而把握作品的独特之处，预设好与幼儿对话的问题，做到心中有数，这样在引导幼儿欣赏时主线就非常清晰，就算幼儿在对话中出现题外话，教师也不至于手足无措。以欣赏名画《我与村庄》为例：

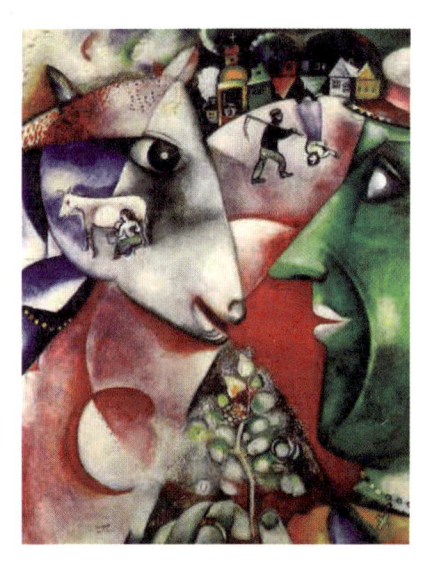

夏加尔《我与村庄》

片段一：

师：你从画上看到了什么？

幼$_1$：一个人的脸，是绿色的，戴着帽子，还有一头牛，有一个大大的眼睛。

幼$_2$：这个人和这头牛在吵架。

师：大家认真看看，牛和人是在吵架吗？

幼$_3$：这个人笑眯眯的，不像吵架，他们是在聊天。

师：他们会聊什么呢？

幼$_3$：这个人说："我很喜欢你，我喂你吃草吧。"你看他手上拿着一棵草呢。

片段二：

幼$_4$：我看到有一个人肩上扛着锄头，还有一个女的摔倒了。

师：你们仔细看看，这个女的是摔倒了吗？我们把画面倒过来看看。

幼$_5$：好像不是摔倒，她的两只手在指着一个地方，好像告诉别人路怎么走。

师：很棒！观察得真仔细，再看看画上还有没有东西也是倒的。

幼$_6$：哦，我看到有的房子也是倒的。

师：为什么画家要把房子、人倒着画呢？

幼$_7$：这样很好玩。

幼$_8$：画家自己想画成这样，我也想这样画，很有趣。

师：对，画上画的都是画家心里想的东西。你们看画上有牛、有扛着锄头的农民伯伯、有尖屋顶的房子，这会是什么地方呢？

幼$_9$：是乡下吧。

师：对，这幅画是一位叫夏加尔的画家画的，画上的戴帽子的人就是画家自己。他的家乡在一个美丽的乡村里，那里有很多牛，有辛勤劳动的乡亲们……画家离开家乡到别的地方去学画画，好久没回家了，他怎么样了？

幼$_{10}$：很想家。

师：对，他经常在梦里见到家乡，画上许多东西都是他梦里见到的，所以有的房子、人是倒的。你们看看画上还有什么地方让你觉得像在梦里一样。

幼$_{11}$：我看到一个大大的圆和一个小小的圆粘在一起，很像泡泡，画家是不是做梦吹泡泡呀？

师：对，你想象得真好！这是一个什么样的梦？

幼$_{12}$：五彩缤纷的梦。

幼$_{13}$：有趣的梦。

幼$_{14}$：温暖的梦。

幼$_{15}$：快乐的梦。

......

从这个案例可以看出教师对画家的思乡之情有了充分的共情,准确把握画面"超现实主义的幻想风格"这一特色,通过不断的追问将画家的情感与画面的美感一点一点地传递给幼儿,使幼儿的审美体验与审美理解逐渐变得丰盈。

每个人由于生活经历的不同、文化层次的不同、性格特征的不同、审美趣味的不同,对同一审美对象就有着不同的感受与理解。如前所述,幼儿的审美理解具有情感性这一特点,他们对事物的感受和情绪反应都比较泛化,容易将自己的情感投射到审美对象上,常以自己的主观爱好为标准进行审美判断。因此,在名画欣赏活动中,特别需要教师的"共情"以保护幼儿独特的审美感受,引发幼儿良好的审美情感,实现有效的师幼对话。下面,再以两个名画欣赏片段为例。

毕加索《格尔尼卡》

片段一:欣赏名画《格尔尼卡》

幼$_1$:哎呀!乱七八糟的!

幼$_2$:好暗哦,怎么像晚上,我好像觉得鬼来了,好可怕啊!

幼$_3$:颜色灰灰的,觉得心情不高兴。

幼$_4$:这画都没有颜色,我不喜欢!

幼$_5$:我不想看了,很害怕!

师:是啊!我感觉跟你们一样,看了这灰蒙蒙的颜色,觉得心里像压着一块石头喘不过气来,心情很不好呢。这幅画里到底画了些什么让我们感觉不舒服呢?

从对话可以看出幼儿对画面色彩的感觉非常到位,但心理上对这幅画产生排斥,此时教师运用共情,及时肯定了幼儿的感受,并巧妙利用幼儿的好奇心,使欣赏活动得以继续。

片段二:欣赏名画《人投鸟一石子》

幼$_1$:画上绿色的地方是森林,黄色的是沙漠。

幼$_2$:黄色凸起来的那块像火山爆发。

幼$_3$:白色圆圆的上面有一只眼睛像小鸟的头。

幼$_4$:我看到青蛙的脚丫、弯弯的月亮。

幼$_5$:红颜色小小的那块是一朵花。

幼$_6$:这个白白的东西很像长着一只眼睛的外星人。

幼$_7$:是怪物吧,他才一只脚,没有手耶!

米罗《人投鸟一石子》

师:你们想象得都很有趣,画家给这幅画取的名字是"人投鸟一石子",你们猜猜画家画这幅画的意思是什么。

幼$_1$:哦,是这个外星人来到地球,看到一只红色的小鸟,觉得很好玩,就用石头丢它,看它会不会飞。

幼$_2$:我觉得是一个人走在沙滩上看到一只鸟,就用脚踢石头逗小鸟玩,因为他没有手啊!

……

在欣赏这幅画的过程中,教师留给幼儿一个不受拘束、自由想象的广阔空间,把欣赏与体验的主动权交给孩子,无需顾虑幼儿看不懂,也不必担心幼儿理解歪了该怎么办。在这样的审美意境中,幼儿畅所欲言,教师首先做一个倾听者,认同幼儿多样化的感受,不轻易发表自己的意见,以免影响幼儿丰富的想象与创造性的体验,在适当的时候再做一个引导者,引发幼儿与作品进行更高层次的对话。

2.学会等待，催生幼儿个性化的审美表达。

美术欣赏的过程是一个注重体验与感受的过程，也是一个需要教师耐心等待的过程。当一件作品呈现给幼儿时或教师提出一个问题之后，要留给幼儿足够的时间去观察、感受体验与理解想象，其实也就是留给幼儿与作品对话的充足时间。在这段时间里幼儿进行独立的欣赏，生发个体的审美感受，为丰富的审美表达提供了支持，师幼对话才能多姿多彩。

以国画《春如线》欣赏活动为例：

师：这幅国画画的是春天的景色，你们仔细听音乐，看着画面，想象春天的美丽景色。

教师打开课件呈现国画作品的同时播放笛子演奏的乐曲《春光美》，欢快、柔美的音乐使幼儿陶醉在画面美好的意境中。过了一会儿，音乐戛然而止，教师开始提问："刚才你们听着音乐，看着这幅画，想到春天的什么？"幼儿有的皱眉，有的瞪大眼睛，有的一脸茫然，说不出来，显然还没从刚才的意境中回过神来，有的说："老师，我们还想听音乐，你不要关掉好吗？"

吴冠中《春如线》

教师及时调整策略，并引导幼儿回忆上次去西湖公园欣赏春天美景的情形，再次播放音乐，幼儿再次投入地欣赏画面，有的随音乐的节奏轻轻摆头、有的用手指比划着线条，有的和同伴窃窃私语。教师走到幼儿中间蹲下身子倾听幼儿的讲述，并不时地用微笑、点头鼓励幼儿，见幼儿尽兴了，教师才将音乐慢慢关小声，开始提问："刚才你听着音乐看着这幅画想到春天的什么？"

幼$_1$：我想到春天里许多花开了，小动物都到草地上玩。

幼$_2$：画的是下雨了，彩色的雨，我还听到下雨的声音了。

幼$_3$：我想到小芽从土里冒出来了。

……

从这个案例可以看出教师的等待为幼儿营造了一个宽松、自主的欣赏氛围，同时很好地链接起幼儿前期的感性经验，从而引发幼儿与教师、同伴、作品之间展开平等的、充满情感的、积极的交流和讨论，使得幼儿的审美主动性和创造性得到最大发挥。

另外值得一提的是，在美术欣赏活动中教师的等待还有另外一层意思，那就是幼儿审美感受力、理解力和表现力的提高是一个缓慢的过程，教师不能过于注重审美结果的获得，期望幼儿在一两次的欣赏活动中就有令人满意的表现，而忽视让幼儿真正融入欣赏的过程，让幼儿享受欣赏的过程。教师应学会等待，等待美的种子在幼儿心间生根、发芽、开花、结果。

3. 学会提升，引导幼儿梳理审美经验。

美术是一种视觉造型艺术，它与其他艺术最本质的区别在于诉诸人的视觉，利用线条、形体、色彩等造型要素所构成的形式和所传达的内容，来体现特殊的美感。在每一次的名画欣赏活动中，教师要用心聆听幼儿的对话，抓住有价值的对话渗透艺术术语，传递美的基本要素，帮助幼儿积累审美经验，培养幼儿善于发现美的意识。在与幼儿对话时教师还要敏感地捕捉幼儿对作品瞬间的、不确定的、处于萌芽状态的审美感受，灵活地运用追问将幼儿的审美感受逐步放大、渲染、强调，使幼儿对作品内涵的理解逐渐变得明朗。

艺术术语的提升与审美经验的梳理要在教师与幼儿对话的过程中自然而然地进行，避免将美术欣赏活动变成美术知识与技能的传授活动。如，在幼儿刚刚接触抽象画时，教师并不急于告诉幼儿什么是抽象画，而是在幼儿进行丰富的联想之后，与具象画对比时引导幼儿归纳出抽象画的特点。在分析作品的形式美时，幼儿必然会关注色彩、线条、形状等，教师可以顺理成章地丰富幼儿有关冷暖色调、对比色、近似色等知识，帮助幼儿了解线、形、色之间的节奏与韵律、对称与均衡、多样与统一的构成原理。

再以欣赏名画夏加尔的《我与村庄》为例：

师：这幅画有哪些颜色，看了有什么感觉？

幼$_1$：觉得很温暖，因为有很多红颜色。

师：除了红色还有什么颜色？

幼₂：我觉得这张画颜色很漂亮，白的和黑的配，绿的和红的配，还有紫色、黄色、粉红色，很好看。

师：是的，红色和绿色、白色和黑色、紫色和黄色都是对比色搭配，所以特别漂亮呢。

幼₃：我觉得看了眼睛很花，因为画上有很多东西。

师：是啊，要在一张画上画这么多的东西，画家是怎么安排画面的呢？

幼₁：前面画得大，后面画得小。

幼₂：他有重叠着画，你看他把挤奶的人和一头牛画在大牛的脸上。

师：对，近大远小、重叠遮挡的构图方法可以让画面看起来很饱满呢。

经过一段时间的积累，幼儿的艺术术语就逐渐丰富起来，对作品的形式美会变得非常敏感，而且能在欣赏活动中灵活地运用。如，某班在欣赏修拉的《大碗岛的星期天》时，幼儿就把所积累的艺术术语都用上了，他们分析出画中多种的对比关系——明暗对比、疏密对比、高矮对比、远近对比、大小对比、冷暖色调对比等等。在欣赏李可染的《归牧图》时，某班幼儿的表现也相当出色，他们能分析出画中浓淡不同的五种墨色，还说到画中红色所起的衬托、点缀作用；构图方面幼儿说得特别多，如两只水牛重叠的安排，树林有疏有密、树干有粗有细，近处的水牛与牧童画得清晰、远处的树林和晚霞画得模糊，画中有一片留白的地面给人透气感等。

（二）体验法

体验法是指在幼儿美术欣赏活动中，教师为幼儿精心选择和设计与作品有关的环境、情景，并组织幼儿开展相关的操作活动，以丰富幼儿的感性经验，激发幼儿审美主动性的一种方法。体验法意味着幼儿可以在动手、动脑、动口的操作活动中获得亲身体验，意味着幼儿能积极主动地投入到欣赏活动中去，可以使幼儿审美活动生动有趣，审美体验更加深刻。

在欣赏作品之前，教师应当尽可能地为幼儿创设与作品相关的场景，或将幼儿带入作品所表现的自然情景中，必要时还应开展相关的主题教育活动，让幼儿进行充分的体验活动，慢慢积淀与丰富幼儿的感性经验。

如，欣赏国画《春如线》，这幅画是现代画家吴冠中的国画作品，他打破传统笔墨的形式特征，用流畅、有力、富于韵律的五彩线条和点状色彩表现了春天春雨绵绵、柳枝摇曳、万物复苏的美好意境，充满抽象派的风格。由于画面并没有描绘具体的形象，因此，乍看到这幅画时有一种不知所云的感觉，使得欣赏有了一定的难度。为了让幼儿更好地理解画面所蕴含的意境，在国画欣赏活动之前，教师先开展了主题活动"春天"，引导幼儿调动多种感官体验春天里大自然的景色，带领幼儿走进公园观察春天的景象，欣赏春风吹过时柳枝婀娜的舞蹈，抚摸柔嫩的小草，观赏竞相开放的花朵，聆听鸟儿的欢唱和春雨的呢喃，感受春的气息。此外，教师还与幼儿一起创设充满春天气息的班级环境，在美术欣赏区张贴以春天的美景为内容的图片，在手工区投放各种操作材料（各色皱纹纸、蜡光纸、毛线等），鼓励幼儿把对春天的感受用各种方式表征出来，让幼儿通过听、看、表演、创作等相关活动进一步加深对春天的体验，为欣赏《春如线》的形式美和意境美积累感性经验。在教师的启发引导下，幼儿的想象非常丰富，审美理解也很到位。

师：上次我们去西湖公园看到的春天景色能在这幅画中找到吗？

幼$_1$：我觉得这些线条像彩色的音符在跳舞。（边说边用手指比划着）

幼$_2$：画上弯弯曲曲的线条像柳树的枝条在飘来飘去。

幼$_3$：这幅画用了很多绿色，好像春天的草地。

幼$_4$：那黄色的圆点很像许多小鸟停在树枝上，它们在唱歌。

幼₅：这些五颜六色的点像草地上开的花。

幼₆：黑色的点像小蝌蚪在游，也很像雨点落到湖水里的圆圈。

（三）对比法

对比法是指在幼儿园美术欣赏活动中，教师引导幼儿观察比较不同作品的表现手法、形式和风格，培养幼儿对美术作品较敏锐的感受能力和理解能力的一种方法。引导幼儿欣赏美术作品，不仅要使幼儿获得对作品内容、主题等方面的认识，更重要的是逐渐培养幼儿能够透过画面的具体内容，进一步感知和体验隐含在具体形象中的抽象形式意味，及线条、形体、色彩等美术语言的表现力。对比法有助于幼儿超越作品描绘的具体事物，将审美注意集中到这些线条、形体、色彩所建构的形式关系上，从而进一步体验它们所表现的情感和蕴含的意味。

李可染《初见疏柳挂新绿》

可以就同一主题的不同美术表现形式进行比较。如欣赏剪纸活动，将写实的图片猫与剪纸猫作比较，通过对造型、色彩等方面的比较，让幼儿生动形象地感受剪纸艺术简洁夸张的造型、单一明快的色彩和虚实装饰的构图特点。也可以就相同题材的不同表现手法进行比较。如欣赏李可染的画牛艺术时，可以引导幼儿将《初见疏柳挂新绿》和《暮韵图》进行比较。《初见疏柳挂新绿》是一幅春牛图，画家一反浓墨写牛的画法，用淡墨写牛，全画大面积空白，却仿佛春光明媚，空气清澈得透

李可染《暮韵图》

明。而《暮韵图》则是一幅"流火"的夏牛图，此图可谓浓墨满纸，但并不见塞迫，可见大师笔法非凡。这样通过对人物动态、背景、画面墨色的对比，可让幼儿进一步感受画家丰富、神奇多变的艺术语言。此外，还可以引导幼儿比较不同画家的表现风格。例如，在幼儿欣赏过一些西洋画之后，可以选择一些幼儿从未欣赏过的作品，进行一次画家作品风格的鉴别活动，通过观察比较，加深幼儿对画家风格的识别和理解，培养幼儿对美术作品表现风格的敏感性，如米罗的作品、波洛克的作品、毕加索的作品等。

（四）拼图法

拼图法是将美术作品的复制品背面衬底纸，切割制成各种形状的卡片，引导幼儿根据卡片上的色彩、线条和造型拼成一幅完整的图画。此法不仅可以增强幼儿对作品中点、线、形、色等形式美的识别，而且可以引导幼儿在拼图过程中探讨要素之间的关系，加深幼儿对这些形式关系所表现的情感和蕴含的意味的认识。这一操作过程使幼儿对美术作品的欣赏经历了"整体—部分—整体"的心理过程，先从整体出发，然后进行部分感知，最后再回到整体。再次的整体感受是建立在幼儿对作品的各部分相当熟悉和具体的操作基础之上的，比第一次感受更深刻、更具体。

刚开始学习拼摆作品时，可以选择幼儿欣赏过的一些作品，之后可以根据幼儿的欣赏水平选择一些幼儿没有欣赏过的同类作品，鼓励幼儿根据已往的经验大胆尝试。就拼图的数量来说，刚开始可以一次拼一幅图，在幼儿已经拼过多种风格作品后，也可以一次将两张甚至两张以上不同风格的作品混在一起，引导幼儿认真观察、比较，进行拼摆，以提高幼儿对艺术作品敏锐的感受能力和对形式、风格的识别能力。

（五）综合法

综合法是指教师选择一些与美术作品有关或能加强其感染力的音乐、诗歌、故事等，运用各种媒体再现或创设具有情绪色彩的、具体的、生动的形象或场景，以加深幼儿对美术作品的感知和理解的方法。其特点是体现了整合的教育观，不仅整合了与美术作品相关的知识，而且整合了与美术作品相关的手段。综合法会构建良好的美术欣赏环境，特别是媒体技术所创设的声画并茂、视听结合、动静相接、感染力强的欣赏情境，能充分调动幼儿的"联觉"，更易于激发幼儿欣赏的兴趣和情绪。

如前所述的国画《春如线》欣赏活动，虽然《春如线》这幅画并没有描绘具体的形象，但只要细细品味，就会发现画上一根根富于韵律的线条似乎在载歌载舞，充满了音乐美与诗意美。因此教师以音乐为载体，选用了与画面非常匹配的《森林狂想曲》这首富有线条感、旋律欢快柔美的笛子曲，曲子开头的雨声与鸟鸣能激发幼儿产生丰富的联想，达到"通感"的境界。因此，当幼儿在音乐声中再次欣赏这幅画时，慢慢地找到了感觉，此时教师启发幼儿回忆去西湖找春天的情景，引导幼儿与教师、同伴、作品之间展开平等的充满情感的积极的交流和讨论，使得幼儿的审美主动性和创造性得到最大发挥。在音乐这种情感艺术的渲染下，幼儿已经完全融入作品充满诗意美与音乐美的意境中。而为了加深幼儿对作品的审美理解，教师还创编了与作品内容相吻合，体现作品意境的散文诗《春天在哪里》——

春天在哪里？春天在柔软的柳枝上，春天的风微微地吹，柳条跳起优美的舞蹈。

春天在哪里？春天在茂密的森林里，树叶穿上了绿衣裳，小鸟唱起动听的歌儿。

春天在哪里？春天在清新的田野里，油菜花黄了，豆苗绿了，桃花绽开粉红的笑脸。

春天在哪里？春天在绵绵的春雨里，那细细的、密密的雨丝多像春姑娘手中的线，织呀织，织出了五彩的春天……

当教师声情并茂地朗诵完之后，幼儿情不自禁地鼓起掌来，把欣赏活动再次推向高潮。综合法的运用体现了《纲要》中整合的教育观，能增强美术作品的感染力，营造良好的美术欣赏氛围，使幼儿如闻其声、如临其境、如触其物，达到欣赏与愉悦并存的境界。

三、开展幼儿园美术欣赏活动应注意的问题

（一）做好物质上的准备

欣赏活动的物质准备包括作品、教具和呈现方式的选择与准备。选择美术作品时，在考虑幼儿美术欣赏的特点基础上，还应注意复制品的印刷质量和画幅大小，以便让幼儿清楚地观赏。为了营造欣赏氛围，加强审美效果，还可以用实物投影、电视录像，辅以录音等方式呈现给幼儿。在自然景物和环境布置的欣赏中，如果条件许可，最好将幼儿带到真实的环境中，使幼儿积累相关的感性经验，感受亲临其境的美。例如，小班欣赏活动"美丽的桃花"，某教师充分利用了幼儿园毗邻西湖这一地理优势，在春天桃花盛开的时节，带幼儿到西湖观赏桃花；中班欣赏活动"节日的环境"，某教师结合"六一"儿童节，组织幼儿欣赏幼儿园的环境布置，使幼儿体验节日的欢快气氛，养成关注生活中美好事物的情趣。

（二）做好有关知识经验的准备

在美术欣赏活动中，幼儿会接触到不同历史年代和题材的作品，这些作品背后必然涉及一定的历史事件、社会生活和地方文化。因此，教师应当在欣赏活动前开展相关的知识准备活动，丰富幼儿的相关知识与经验，有意识地引导幼儿把作品背后所蕴含的时代特征联系起来，深入领会作品特有的表现形式和内涵。例如，引导幼儿欣赏京剧脸谱之前，组织幼儿听京剧唱段，简单了解京剧的知识，这些活动可为幼儿理解和欣赏京剧脸谱打下良好的基础，使幼儿不仅对民间美术的形式美有所认识，而且在审美体验方面有所丰富，同时可激发幼儿对民族艺术的兴趣。又如，在组织幼儿欣赏福州三坊七巷的建筑之前，某教师查阅了三坊七巷的名人故事，并将故事讲述给幼儿听，使得建筑欣赏活动变得鲜活、灵动，充满了人文气息。

（三）教师要提升自己的审美素养

开展美术欣赏活动对教师的美术素养具有较高的要求，教师只有自己对艺术的形式有一定的理解与欣赏能力，才能引导幼儿进行理解与欣赏。

首先，教师必须理解线条、形状、色彩、构图等形式语言可能的象征意义。

在线条上，水平线意味着放松、平静与单调；垂直线意味着静态张力、

准备就绪、抵抗力、支撑；曲线的变化缓慢、连绵，可以引发人的注意，使人感到柔和、流动；放射线使人感到舒展充满活力；对角线意味着动作、活力和不平衡；绕成一个形式的连续线，有清楚界定、包容、把持住形式的趋势；断续线比较能够表现开放、自由、柔顺可变的形式；轮廓线暗示着一个形式的三次元实体；边缘线描述一个形式或颜色终止而另一个开始之处。如梵高的《星月夜》，用了许多波浪形、螺旋形的线条，将星星和月亮团团围住，表现了画家强烈的不安和忧郁的心情。

在形状上，正方形显得稳定、刚直、呆板；圆形则显得活泼、柔和、流动。

在色彩上，暖色使人联想到火、冬天的太阳，在画面上显得前凸；冷色使人联想到冬天的池水、晴朗的夜空，在画面上显得后退等等。（参考克拉因色彩情感价值表）

其次，教师还必须理解对称与均衡、节奏与韵律、变化与统一等形式美的原理。

对称是指中心点两边的形式或配置方式具有类似性，其特点是稳定、庄重，但也显得单调、呆板，如中国古代的许多宫殿庙宇大多是对称式均衡。均衡则有对称式与不对称式两种，对称式均衡是指中心点两侧的相对位置上呈现"镜像反映"的形式；不对称式的均衡是指中国秤式的，即画面上中心点两边力臂不等、形不同，但量相同或近似的形式。节奏是指视觉在画面上所做的有秩序的、连续的运动。韵律则是富有情调的节奏变化。变化是指由大小、高矮、疏密、深浅等性质相异的要素并置在一起时所造成的显著对比的感觉，其特点是活泼多样、有动感。统一是指由性质相同或类似的要素并置在一起时所造成的一种一致的，或具有一致趋势的感觉，其特点是严肃庄重、有静感。一幅好的艺术作品应该既有变化又有统一，是变化和统一的有机整体。

教师除了提高自己的美术欣赏的能力、丰富自己的美术欣赏知识外，还要适当地教给幼儿一定的美术欣赏的基本艺术语言与形式美的原理，以帮助他们进一步加深对作品的情感体验。

下编

幼儿园美术教育活动的实施

第五章　幼儿园绘画活动案例

小班

树叶和花朵（手指点画）

【活动目标】

1. 学习用手指点画的方法画树叶、花朵。
2. 感受手指点画的快乐。

【活动准备】

1. 经验准备：组织幼儿在散步的时候观察树的样子。
2. 材料投放：颜料、画盘、图画纸、抹布。

【活动过程】

一、幼儿自由观察树的图片，激发兴趣

提问：树长什么样子？它是什么颜色？它的叶子是什么样的？它的花朵是什么样的？

二、教师讲解示范用手指画树，提出点画要求

1. 出示背景图，示范点画树叶和花朵。

提问：树叶可以怎么画？花朵可以怎么画？

2. 引导幼儿说说老师是怎么画的。

3. 提出点画要求：

（1）用食指的指腹在颜料中轻轻蘸一下，然后把指腹摁在纸上，再轻轻提起，一片树叶就画成了。

（2）食指蘸颜料，点一下为花蕊，然后换个颜色，点5下为花瓣，一朵花就画出来了。

（3）蘸颜料时要注意不能蘸得太多，手指指腹摁在纸上时不要移动，尽量让指腹完全压在纸上。

（4）换颜色前要用湿布擦手。

三、幼儿自由创作，教师观察并指导

教师重点鼓励幼儿点画出不同的树叶和花朵。

四、欣赏作品，分享成果

1. 幼儿相互欣赏作品。

2. 集中欣赏作品。

提问：你喜欢哪一幅作品？为什么？

【活动延伸】

区域活动：幼儿在美工区用点画的方法继续添画。

【幼儿作品】

（设计：陈燕燕　指导：王芬）

美丽的郁金香（印画）

【活动目标】

1. 感受郁金香的外形和色彩美，大胆地运用印画方式表现郁金香。
2. 体验印画活动的乐趣。

【活动准备】

1. 经验准备：

（1）事先认识各种各样的郁金香。

（2）学习用折纸的方式表现郁金香。

2. 材料投放：多媒体设备、背景音乐、郁金香PPT、A4彩纸、水粉颜料、塑料碟、叉子、湿抹布、棉签等。

【活动过程】

一、出示花朵精灵，引起幼儿欣赏的兴趣

引导语：花园里开满了美丽的郁金香，让我们一起去看看吧！

二、播放郁金香PPT，引导幼儿感受郁金香的外形特征和色彩的美

提问：郁金香的外形是什么样的？它有哪些颜色？

三、欣赏范画，引发幼儿参与活动的兴趣

提问：这些郁金香是用什么变出来的？怎么变成的？

四、教师介绍印画的材料，示范印画的方法

1. 选一种颜料盘里的叉子，用大拇指和四指握紧叉柄。

2. 将叉子的底部在颜料盘里蘸一蘸颜料，注意要让叉子底部充分地蘸满颜料。

3. 将蘸好颜料的叉子转移到画纸上，叉尖朝上再轻轻按压，注意不要移动叉子。

4. 提起叉子，将印过的叉子放回同色的盘子，不混色，以便其他人使用。

5. 选择不同的颜色印画郁金香，丰富画面。

五、幼儿选择材料进行创作，体验创作的乐趣

1. 以"让活动室变成美丽的郁金香花园"为题，激发幼儿的作画兴趣。

引导语：小朋友们，你们想让我们的活动室变成美丽的郁金香花园吗？

我们一起来"种"郁金香吧。

2. 幼儿创作，教师观察并指导。

指导要点：

（1）教师鼓励幼儿选择自己喜欢的颜色，用正确的方法印画郁金香，提醒幼儿注意高低错落、重叠地布局。

（2）鼓励幼儿创作两种颜色的郁金香。

（3）投放棉签棒和绿色颜料，让幼儿添画花茎和叶子。

六、展示幼儿作品，互相欣赏交流

1. 展示幼儿作品，共同体验、分享成功的快乐。

提问：你觉得谁种的郁金香最美？为什么？（引导幼儿从花朵的颜色及布局上进行评价）

2. 与作品合影后结束活动。

【活动延伸】

区域活动：将材料投放到美工区，让幼儿继续创作郁金香。

【幼儿作品】

（设计：林葵　指导：王芬）

瓶花（印章画）

【活动目标】

1. 尝试用蔬菜的横截面当印章，蘸颜料进行印画，感受印章画的美。
2. 能大胆运用两种色彩进行印章画创作，提高对色彩美的感知能力。

【活动准备】

1. 经验准备：幼儿已有印章画的经验。
2. 材料准备：范例2—3张，藕、菜头等制作的印章，红、黄、粉、白、浅蓝、深蓝等颜色的水粉颜料，调色盘、湿手帕，剪成花瓶形状的白纸、黑色卡纸若干。

【活动过程】

一、出示范画，引导幼儿观察发现，激发印章画的兴趣

提问：猜猜这些美丽的花儿是用什么东西印出来的？

二、教师启发指导幼儿用果蔬创作印章画

1. 引导幼儿认识印章画材料。

提问：这是什么？从切口看像什么？

2. 引导幼儿探索蔬菜印画的方法。

提问：怎样才能印出一朵漂亮的花儿？

小结：用蔬菜印章蘸满颜料，印的时候不能移动，要用力压，压印的时间长一些。可以用两种颜色重叠印，但要等上一种颜色稍晾干一下再重叠印。

三、幼儿创作印章画，教师观察指导

重点：鼓励幼儿选择两种以上的蔬菜印章和颜料印画，传授印画要领，提醒幼儿印完后把蔬菜印章放回原处。

四、展示作品，欣赏漂亮的瓶花

提问：你喜欢哪一瓶花？为什么？

【活动延伸】

区域活动：将蔬菜印章投放到美工区供幼儿继续创作印章画。

【幼儿作品】

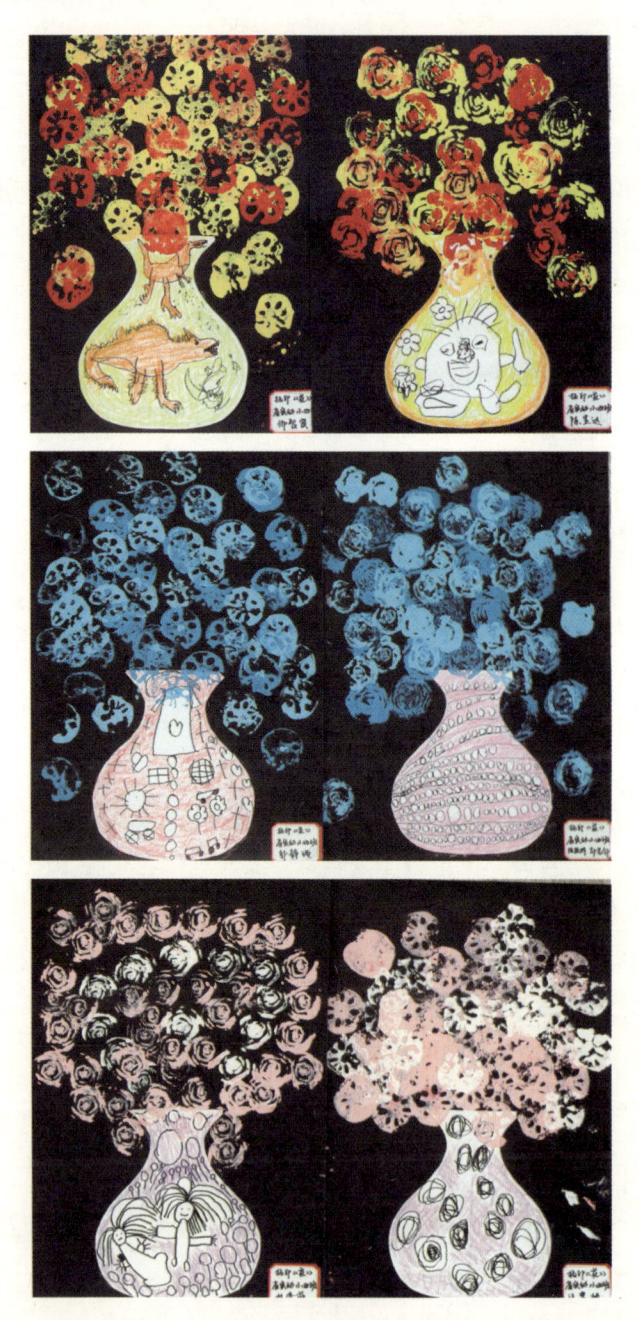

(设计：王芬 指导：董双红)

中班

滑梯（写生画）

【活动目标】

1. 在观察的基础上画出滑梯的基本结构。
2. 能运用相近色与对比色作画，增强对色彩美的感受。

【活动准备】

1. 经验准备：师幼选好要写生的滑梯（大鱼滑梯与城堡滑梯）。
2. 材料投放：画板、黑色水彩笔、油画棒、图画纸。

【活动过程】

一、观察滑梯，了解滑梯的造型特征

1. 观察大鱼滑梯。

提问：这架滑梯的造型像什么？小朋友玩这架滑梯时从哪里上去？从哪里滑下来？小朋友找找看，这架滑梯上有哪些图形？

2. 观察城堡滑梯。

提问：这架滑梯的造型又像什么呢？城堡的屋顶和墙壁上有哪些颜色？你觉得哪些颜色搭配在一起比较好看？是用什么方法搭配的？

二、幼儿选择自己喜欢的滑梯进行写生，教师观察并指导

引导语：小朋友都说得很好，等会儿画的时候可以用上你喜欢的颜色，不过要注意搭配方法哦！

重点：指导幼儿用观察到的图形画出滑梯的基本造型，并能用对比色与相近色进行涂色。

三、欣赏同伴作品，互相交流评价

提问：你画了哪个滑梯？你最喜欢哪个滑梯？为什么？

【活动延伸】

区域活动：幼儿在美工区以"滑梯"为主题进行想象画。

【幼儿作品】

（设计：董双红　指导：游兆菁）

滑梯（线描画）

【活动目的】

1. 丰富对滑梯上的不同线条的感受，并用绘画自主表现。

2. 尝试用粗细不同的线条创作各种图案装饰滑梯，体验线描画独特的美感。

【活动准备】

1. 经验准备：幼儿写生过大鱼滑梯和城堡滑梯。

2. 材料准备：照相机，粗细不同的黑色水彩笔、记号笔、图画纸。

【活动过程】

一、组织幼儿玩幼儿园里几架不同的滑梯，感受滑梯上的线条与图案

二、利用滑梯进行现场交流

提问：你玩了哪个滑梯？发现了什么线条？除了滑下来的地方有线条，哪里还有线条或图案呢？

小结：有的滑梯是一上一下，像波浪线；有的滑梯是转来转去滑下来，像螺旋线。滑梯的台阶、身上、旁边的扶手都有线条和图案。

三、引导幼儿联想、发现用哪些线条和图案来表现滑梯

提问：可以用什么线条来画？

小结：可以用波浪线、弹簧线、格子线来画线条，可以用圆的、方的形状来画图案。

四、幼儿绘画，教师观察并指导

重点：指导幼儿将观察与体验到的线条、图案，结合已画过的线条经验，进行自由组合创作。

五、互相欣赏评价作品

提问：你画的滑梯是什么样的？你喜欢谁画的滑梯？为什么？

【活动延伸】

家园共育：请家长周末带幼儿去游乐场玩滑梯，感受更多的滑梯造型。

【幼儿作品】

（设计：董双红　指导：游兆菁）

我设计的滑梯(主题画)

【活动目标】

1. 欣赏滑梯的造型美。
2. 发挥想象,能大胆运用不同的线条与形状设计不同造型的滑梯。

【活动准备】

1. 经验准备:幼儿已写生、线描过滑梯。
2. 材料投放:各种滑梯的欣赏课件,巧虎玩偶一个,奖牌若干,图画纸、黑色水彩笔、油画棒、水粉颜料、水粉笔、调色盘等。
3. 环境创设:将幼儿前期作品布置成展板。

【活动过程】

一、展示幼儿前期的滑梯作品,引发幼儿回忆与交流

提问:小朋友画的是什么?画了哪些造型的滑梯?你们还玩过什么样的滑梯?

二、播放课件,欣赏滑梯图片

提问:这座滑梯远看像什么?你知道这座滑梯有什么特别好玩的地方吗?

三、以故事《奇妙的滑梯乐园》启发幼儿想象,讨论绘画中的难点

提问:你想让巧虎带我们去玩什么样的滑梯?你想设计什么样的滑梯?你觉得设计滑梯最困难的是什么?

四、幼儿绘画,教师观察并指导

重点:指导幼儿运用不同的线条与图形,自主设计与众不同的滑梯。

五、欣赏幼儿的作品,颁发"创意作品奖"

【活动延伸】

区域活动:将幼儿的作品展示在建构区,供幼儿作为建构滑梯的图片参考。

【幼儿作品】

（设计：董双红　指导：游兆菁）

附：故事《奇妙的滑梯乐园》

今天，可爱的巧虎要带我们去滑梯乐园探险。一进入滑梯乐园，小朋友们就被花花绿绿、造型奇特的滑梯吸引住了。这里的滑梯不仅漂亮，还非常神奇。巧虎先带我们去玩城堡滑梯，这个滑梯像一座童话城堡，里面有各种各样的通道和房间，滑梯上有两个魔镜，在里面能看到国王、皇后、公主、王子、士兵呢！巧虎接着带我们来到一座高大的滑梯前。哇，这座滑梯就像一艘航行在蔚蓝色大海上的巨大帆船。一上滑梯我们就能听见海浪的声音，滑下来的时候一起一伏的，就像在大海里冲浪，哈哈，真开心！我们热了，还有一阵阵的海风吹来，真凉爽啊！巧虎又带我们来到大手滑梯前，叫我们闭上眼睛不要动。咦，不动怎么上滑梯啊？我们正纳闷时，有一双大手把我们一个个稳稳地抱上了滑梯，啊，不用我们自己爬就可以上来了，怎么玩都不觉得累哦，太好了！滑梯乐园里的滑梯太多了，还有会动的章鱼滑梯、有翅膀的飞翔滑梯、会唱歌的滑梯、会变颜色的滑梯、会散发香味的滑梯……我们玩了整整一天才把这里的滑梯玩了个遍。再见了，巧虎，谢谢你带我们来到这么奇妙的滑梯乐园，我们以后还会来的。

我是小小波洛克（水粉画）

【活动目标】

1. 欣赏波洛克的作品，感受作品的色彩美。
2. 尝试用不同色彩的水粉颜料以泼洒的方法作画，体验泼洒画的乐趣。

【活动准备】

1. 经验准备：幼儿已有水粉画的经验。
2. 材料投放：波洛克作品课件，稀释过的红、橙、黄、绿、青、蓝、紫水粉颜料若干，一开大白纸四张、大号排笔、抹布、一次性桌布等，罩衣每人一件，背景音乐《西班牙斗牛士》。

【活动过程】

一、出示波洛克的作品，引导幼儿欣赏

1. 感受抽象画的色彩美。

引导语：我们一起来看看抽象画大师波洛克的画。

提问：这幅作品你看到了什么颜色？什么颜色最多，什么颜色少？这些颜色搭配在一起美吗？

2. 了解画家的创作风格。

提问：你们知道画家波洛克是怎么画画的吗？

小结：画家波洛克将颜料装在小桶里，用画笔将颜料滴、撒、泼，来回游动，在画纸上形成各种图案和线条。

二、出示水粉颜料和画纸，教师演示用水粉颜料泼洒画的方法

1. 教师拿一只排笔和一罐颜料，用排笔沾上颜料在画纸上滴、撒、泼、抹，让不同的颜色在画纸上流淌碰撞，形成图案。
2. 注意不要将颜料泼洒出画纸，保持桌面和衣服的整洁。

三、请一名幼儿尝试，其他幼儿观察，激发创作愿望

四、播放背景音乐《西班牙斗牛士》，幼儿分组合作绘画，教师观察指导

幼儿8人一组（红色系组、蓝色系组、绿色系组、黄色系组），共同完成一幅作品。

重点：指导泼洒画的画法。

五、展示欣赏作品，交流并评价，感受画面色彩的美

提问：你觉得这幅画哪里美？这幅画里你看到了什么？

【活动延伸】

区域活动：将颜料投放至美工区，让幼儿继续用更多的辅助物进行创作。

【幼儿作品】

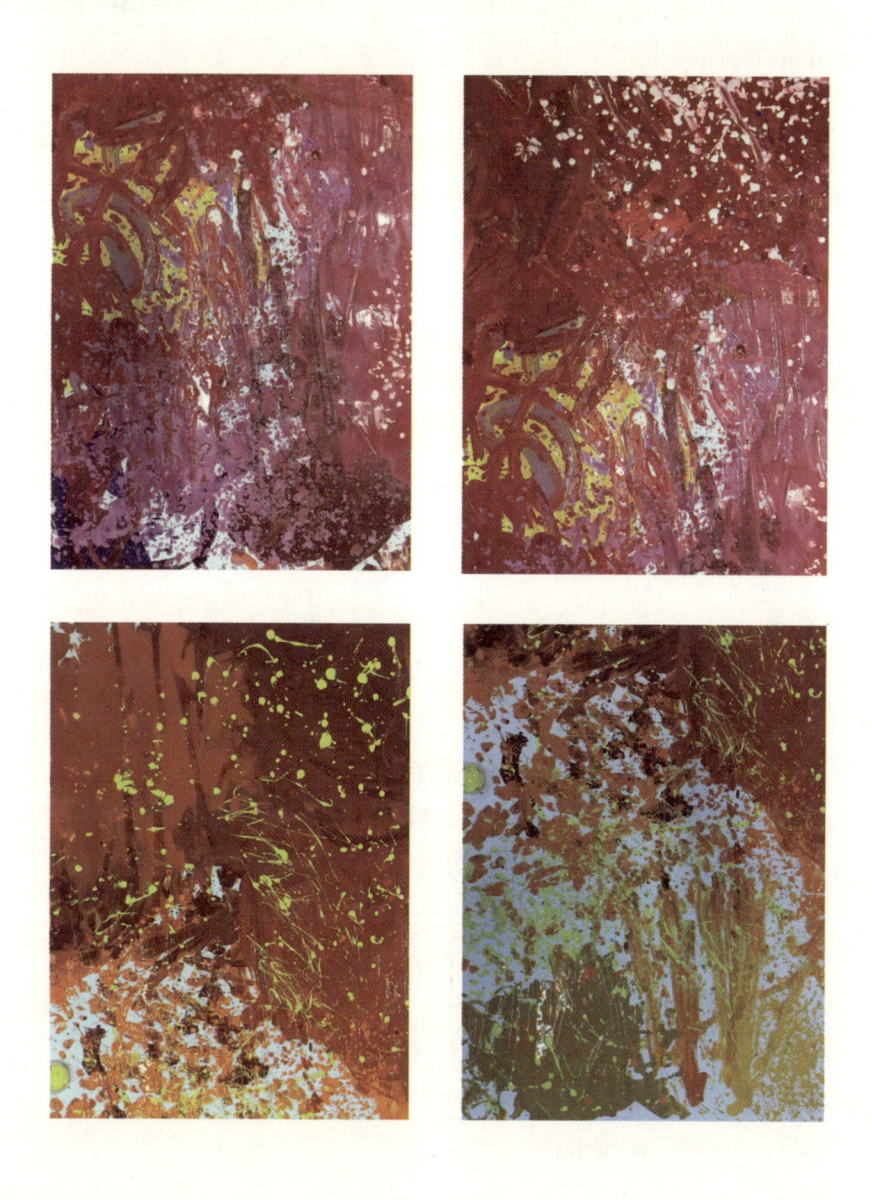

（设计：李静芳　指导：游兆菁）

淘气的小猴（水粉画）

【活动目的】

1. 欣赏各种小猴不同姿态的图片，感受小猴的动态美。
2. 尝试用水粉表现小猴的动态，体验水粉画的乐趣。

【活动准备】

1. 经验准备：幼儿已有水粉画的经验。
2. 材料准备：小猴课件，水粉纸，棕色、黄色、绿色、粉色、橙色水粉颜料，排笔若干。

【活动过程】

一、教师播放课件，引导幼儿欣赏各种小猴不同姿态的图片，感受小猴的动态美

提问：你看到什么？小猴子在做什么？荡秋千、奔跑、爬树时小猴的头和身体的位置一样吗？

小结：小猴在做不同的动作时，头和身体的位置是不一样的。

二、师幼谈话，激发幼儿创作的愿望

提问：你想画什么样的小猴？表现它在做什么？

三、幼儿创作，尝试用水粉表现淘气的小猴

重点：指导表现小猴的动态。

四、展示作品，分享小猴的故事

提问：你表现的小猴在做什么？

【活动延伸】

区域活动：将小猴图片、颜料投放于美工区中，让幼儿继续创作。

【幼儿作品】

（设计：李静芳　指导：游兆菁）

仙人掌（水粉画）

【活动目标】

1. 感受仙人掌的色彩、造型和姿态。
2. 尝试用水粉表现仙人掌，体验水粉画的乐趣。

【活动准备】

1. 经验准备：幼儿已有水粉画的经验。
2. 材料准备：水粉颜料若干，仙人掌盆栽若干，绘画工具小排笔、抹布等，背景音乐班得瑞《月光》。
3. 情境创设：布置仙人掌盆栽展。

【活动过程】

一、幼儿自由观看仙人掌盆栽，欣赏仙人掌的色彩、造型和姿态

引导语：今天老师带来了许多仙人掌，我们来看一看。

二、集体交流

提问：仙人掌长的是什么样子？是什么颜色？仙人掌的花是什么样的？

小结：仙人掌绿绿的，有的身体是圆圆的；有的是扁扁的，长满刺；有的仙人掌会开出黄色、红色的小花。

三、播放背景音乐《月光》，幼儿绘画，教师观察并指导

重点：指导仙人掌大小肉茎的连接画法。

四、作品欣赏与交流

提问：你画的仙人掌是什么样的？你喜欢哪幅仙人掌？

【活动延伸】

区域活动：将仙人掌图片、颜料投放于美工区中，让幼儿继续创作，体验创作的快乐。

【幼儿作品】

中三班 陈晋国

中三班 吴宇辰

中三班 林俞菡

中二班 郑振一

（设计：李静芳　指导：游兆菁）

104

小树林（漏印版画）

【活动目标】

1. 掌握漏印版画的基本方法，感受漏印版画的乐趣。
2. 能运用相近色或对比色作画，增强对色彩美的感受。

【活动准备】

1. 经验准备：幼儿已有水粉画的经验。
2. 材料投放：范例2—3张；镂空成大小不同的树、小鸟形状的卡纸模板每人一套；橙色、黄色、绿色、棕色水粉颜料，调色盘若干，海绵球若干；水粉笔、水粉纸。

【活动过程】

一、出示范例，激发幼儿绘画的兴趣

提问：这几幅画上画的是什么？猜猜是怎么画出来的？

二、教师示范讲解漏印版画的要领与步骤

步骤一：选一张树形状的模板，摆在水粉纸上合适的地方，一只手压住模板边沿，另一只手拿海绵球蘸颜料在模板镂空的地方连续按压，漏印出树的轮廓。可用几种色彩多印几棵树。

步骤二：用同样的方法印出小鸟。

步骤三：用水粉笔、油画棒添画树干、草地、人物等。

三、幼儿作画，教师观察并指导

重点：

1. 指导幼儿漏印时要压紧模板，不移动位置，以免轮廓变形。
2. 指导幼儿尝试用两种色彩漏印同一棵树，想要颜色浅就轻一点印，想要颜色深就重一点印。

四、欣赏同伴作品，互相交流评价

提问：你最喜欢哪幅画？为什么？

【活动延伸】

区域活动：将漏印版画材料投放美工区，让幼儿继续创作。

【幼儿作品】

(设计：董双红　指导：游兆菁)

大班

自画像（水粉画）

【活动目标】

1. 欣赏毕加索的自画像，感受独特的绘画风格。
2. 学习用粉画边缘处理的方法，大胆创作自画像。

【活动准备】

1. 经验准备：幼儿了解肖像画。
2. 材料投放：多媒体设备、PPT"和画家一起画自己"、镜子、水粉笔、水粉纸、调色盒、抹布、罩衣。

【活动过程】

一、欣赏毕加索的自画像，感受独特的绘画风格

1. 了解什么是自画像。

提问：什么是自画像？

小结：自画像就是自己给自己画肖像。

2. 出示毕加索的照片和自画像，了解自画像的独特风格。

引导语：今天老师带来了一幅画家的自画像，我们一起来看看。

提问：自画像跟画家像不像？你看到画面上有什么？

小结：这位画家名叫毕加索，是西班牙的画家。这是他年轻时候的自画像。自画像可以画得很像自己，也可以画得很特别。

二、观察自己的肖像特征，并用水彩笔在画纸上起型

1. 观察脸部五官的造型，抓住主要特点。
2. 在画纸上确定脸部、五官的位置。
3. 在画纸上添加发型、帽子、服饰等上半身装饰物。

三、了解边缘处理的方法，选择合适的水粉颜料进行勾边

提问：画家是用什么颜色进行勾边的？深浅一样吗？勾边的线条一样粗吗？

小结：勾边也叫边缘处理。勾边的时候可以有的地方深，有的地方浅；还可以有的地方线条画得粗，有的地方线条画得细。

四、幼儿自选颜色进行边缘处理，教师观察并指导

重点：指导勾边的深浅变化、粗细变化。

五、分享自画像：说说自己的小故事

【活动延伸】

区域活动：

1.语言区：将幼儿作品投放于语言区，邀请幼儿来介绍。

2.美工区：将作品投放于美工区，供幼儿修改，提高作品的表现力。

【幼儿作品】

（设计：王芬　指导：董双红）

三坊七巷（线描画）

【活动目标】

1. 尝试用线描画表现福州三坊七巷各种房屋、坊巷的造型，感受古建筑的美，萌发对家乡本土文化的热爱之情。
2. 能自主选择绘画材料表现古建筑的装饰艺术特色。

【活动准备】

1. 经验准备：组织幼儿参观南后街三坊七巷，观察其主要的建筑特色（如马鞍墙）、装饰图案等，并现场写生。请家长与孩子一同上网收集、了解有关三坊七巷的故事。

2. 材料准备：三坊七巷各主要建筑的课件，背景图，不同粗细的黑色水彩笔、签字笔，彩色复印纸，黑色卡纸，白色水粉颜料，水粉笔等。

【活动过程】

一、播放课件，欣赏三坊七巷的主要建筑

引导语：前段时间我们都去参观过三坊七巷了，还拍了许多照片，我们一起来看看吧！

提问：这是三坊七巷的什么建筑？上面有什么图案和线条？

小结：三坊七巷有许多古建筑，有塔巷、郎官巷、衣锦坊、水榭戏台等等。这些古建筑的造型都很美，上面装饰了许多古香古色的图案与花纹，如祥云、龙、牡丹花、水纹、回字纹等等。

二、引导幼儿用线描画表现三坊七巷建筑

1. 激发幼儿用线描画表现三坊七巷的愿望。

引导语：三坊七巷的每一座建筑都很美，小朋友一起用线描画把它们画出来吧。

2. 教师介绍线描画的材料。

引导语：小朋友可以用两种材料来画线描画，一种是用水彩笔和签字笔在彩色复印纸上画，另一种是用白色水粉颜料在黑色卡纸上画。

三、幼儿自选小组进行创作，教师观察并适时指导

第一组：硬笔线描画组。指导幼儿用粗细不同的笔相结合，画出粗细不同的线条与花纹，画好后将建筑沿轮廓剪出，贴在背景图上合适的位置。

第二组：水粉线描画组。指导幼儿用水粉笔进行线描画创作。

四、师幼共同欣赏作品

1. 幼儿自由欣赏并互相交流，说说自己都画了什么。

2. 幼儿说说自己最喜欢哪一件作品，它美在哪里。

【活动延伸】

区域活动：将材料投放美工区，让幼儿继续创作。

【幼儿作品】

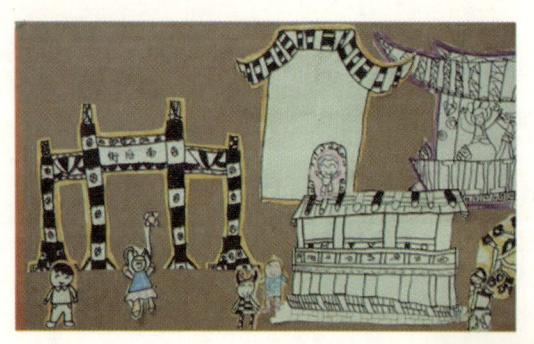

（设计：董双红　指导：游兆菁）

好朋友（粉印版画）

【活动目标】

1. 掌握粉印版画的基本方法，感受粉印版画的独特美感。
2. 能大胆运用色彩表现画面，增强对色彩美的感受。

【活动准备】

1. 经验准备：幼儿已有水粉画的经验。
2. 材料投放：范例2—3张；裁成A4大小的吹塑纸与黑色卡纸每人一份，长尾夹每人两把；水粉颜料、水粉笔、竹笔。

【活动过程】

一、出示范例，激发幼儿的兴趣

提问：这几幅画是用什么材料画的？是怎么画出来的？

二、教师示范讲解粉印版画的方法与步骤

步骤一：用竹笔在吹塑纸上画出自己想要的图案。

步骤二：将黑色卡纸覆盖在画好的吹塑纸上，对齐后用长尾夹夹紧。

步骤三：用水粉笔蘸颜料涂在吹塑纸上，涂好后盖上卡纸，用手在卡纸上按压，使颜色印在卡纸上。多次反复涂色、覆盖按压，直到完成一幅画。

三、幼儿作画，教师观察并指导

重点：

1. 提醒幼儿用竹笔在吹塑纸上画线时动作力度要适中，不可太重，以免划破吹塑纸；也不能太轻，否则图案不凸显。
2. 指导幼儿涂色时最好一次涂同一种颜色，按压时用力均匀。
3. 鼓励幼儿大胆配色。

四、欣赏同伴作品，互相交流评价

提问：你最喜欢哪幅画？为什么？

【活动延伸】

区域活动：将粉印版画材料投放美工区，让幼儿继续创作。

【幼儿作品】

（设计：李静芳　指导：董双红）

动物王国（手形画）

【活动目标】

1. 能围绕"动物王国"的主题，大胆发挥想象进行手形画创作。

2. 初步尝试与同伴合作创作手形画，体验合作创作的乐趣。

【活动准备】

1. 经验准备：前期已开展"动物王国"系列创意手形变画活动，并尝试用线描、油画棒、水粉画的方法添画。

2. 材料投放：

（1）多媒体设备、PPT课件。

（2）大小不同的彩纸、水粉纸、蜡光纸，线描笔、油画棒、水粉笔，胶水、剪刀、抹布等。

3. 情景创设：森林活动场景。

【活动过程】

一、展示森林活动场景，激发幼儿参与活动的乐趣

提问：这里是什么地方？今天我们又来到了森林里玩捉迷藏的游戏，你们想用手变出什么？

二、出示课件PPT，欣赏手形变画的过程及幼儿前期的作品

1. 欣赏手形变画的过程。

引导语：刚才小朋友说了各种各样用手形可以变出的图案，老师悄悄地把它们装进电脑里了，我们一起来看看这些漂亮的手形画是怎样变出来的。

2. 回忆添画的方法。

提问：电脑里还有许多小朋友以前变的手形画，我们一起来看看，是用什么手形变的，用什么办法添画的。

三、观察作品，师幼共同讨论合作创作的方法

1. 观看作品《蝴蝶》，启发幼儿想象。

提问：刚才看了这么多小朋友的作品，老师发现有个作品很特别，我们一起来看看。这是什么？（蝴蝶）

2. 请小作者介绍自己的作品。

提问：你们是怎么变的？（用合作的办法：一个人用双手摆手形，一个人画）我们还可以用合作的办法变出哪些东西呢？

3. 请幼儿在投影器前合作变手形。

4. 讨论合作的注意事项。

提问：用合作的办法来变图案真的很有意思，还可以发挥手臂的作用。我们在合作的时候要注意什么呢？（先商量分工，再合作创作）

四、分组活动，引导幼儿用合作的方法大胆创作

1. 介绍分组的内容。

引导语：今天老师带来了许许多多的材料，左边是线描画、油画棒组，中间是水粉画组，右边是撕贴画组，你们可以选择自己喜欢的绘画方法来装饰。

2. 幼儿分组作画，教师观察并指导。

重点：指导合作变手形。

五、欣赏作品，分享成果

1. 幼儿展示作品，师幼互评。

2. 幼儿将作品粘贴于森林活动场景上，布置成"动物王国"。

【活动延伸】

1. 区域活动：

（1）美工区：将材料投放于美工区，供幼儿继续探索多人合作变手形画的办法。

（2）表演区：将幼儿制作好的手形画投放到表演区，供幼儿开展游戏。

2. 环境布置：活动后将幼儿作品布置于活动室的美工墙上。

【幼儿作品】

（设计：王芬　指导：董双红）

荔枝（水墨画）

【活动目标】

1. 欣赏不同画家的国画作品中荔枝色彩鲜艳、画面热烈、充满灵性的美。
2. 学习用侧锋、半侧锋以及旋转的方法画出荔枝的明显特征。
3. 体会墨色的变化，领略水墨画的独特魅力。

【活动准备】

1. 经验准备：

（1）收集荔枝图片（实物图片和不同画家画的荔枝图）和视频（荔枝和徐湛老师教如何画荔枝的视频），让幼儿充分感受荔枝的外形特征，了解国画荔枝和实物的异同点。

（2）家园配合：幼儿在家写生画荔枝。

2. 材料投放：国画纸、国画颜料、水桶、调色盘、羊毫大中小各一支、狼毫中小号各一支、报纸、餐巾纸，每人一份。

【活动过程】

一、引导幼儿欣赏齐白石的国画作品《荔枝图》，感受作品的色彩美与意境美，体验水墨技法

1. 欣赏齐白石的国画作品《荔枝图》（重点引导幼儿从用墨、用色、构图、线条方面来欣赏）。

提问：齐爷爷画的荔枝好看吗？为什么？

2. 了解画家运笔的方法，体会国画运笔变化无穷的魅力。

（1）枝。

提问：你觉得这幅画荔枝的枝是用什么笔画的？如何运笔？

（2）叶子。

提问：叶子用哪几种颜色画的，如何运笔？

小结：叶子有的用浓墨、淡墨画，有的用花青、藤黄、淡墨画，每一片叶子的颜色都有变化。画的时候可以用侧锋、半侧锋的方法来画叶子。

（3）荔枝。

提问：荔枝是用哪几种颜色画的，如何运笔？

小结：荔枝一直以来都是画家喜欢描绘的对象。荔枝树形态优美，四季常绿，象征欣欣向荣。齐白石先生爱荔枝，他用火红的色彩，热烈的画面寄寓千百年来人民对富裕甜蜜生活的向往，他的作品深受大家的喜爱。看，画面水墨交融，深深浅浅的墨色变化令荔枝跃然纸上，感觉特别新鲜。

二、出示材料，教师示范讲解荔枝的主要画法

1. 枝的画法：用中号狼毫调浓墨，用侧锋画枝。

2. 叶子的画法：用花青加藤黄调墨侧锋点叶子，用浓墨勾叶脉。

3. 果实的画法：用中号的羊毫调赭石、朱砂、曙红，用旋转的方法画出荔枝的外形（椭圆形），再用小号毛笔调胭脂与少许墨画荔枝表面的麻点状。

4. 果柄的画法：用小狼毫蘸浓墨画出果柄。

三、讨论交流，启发联想

引导语：欣赏了画家爷爷的荔枝图，又看了张老师画荔枝，你们一定很想画了吧？

提问：你准备画一幅什么样的荔枝图？

小结：小朋友在画的时候可以加上自己的想象，只要和荔枝有关的情景都可以描绘。如：把荔枝装进盘子、放进箩筐或篮子里；荔枝的香味吸引了蜜蜂和蝴蝶……

四、播放古筝曲《高山流水》，幼儿进行水墨画创作，教师观察并指导

重点：指导技法与构图，鼓励幼儿大胆想象。

五、展示幼儿作品，欣赏评价

1. 让幼儿说说自己的作品。

2. 师幼共同评价幼儿作品，重点从用笔、用色、构图等方面点评。

【活动延伸】

区域活动：在美术区提供不同画家画的荔枝图供幼儿欣赏并创作。

【幼儿作品】

（设计：张秀涛　指导：游兆菁）

第六章　幼儿园手工活动案例

小班

可爱的蜗牛（泥工）

【活动目标】

1. 感受蜗牛独特的外形美，体验泥工活动的乐趣。
2. 尝试通过捏、团、搓、卷等方法，用橡皮泥表现蜗牛的基本特征。

【活动准备】

1. 经验准备：幼儿已了解蜗牛的外形特征；已掌握将橡皮泥搓圆、搓长等基本技能。
2. 材料投放：蜗牛课件，背景音乐，橡皮泥、泥工板、牙签若干、草地托盘。

【活动过程】

一、播放课件，引导幼儿观察蜗牛的外形特点

提问：蜗牛长什么样子？它背上的壳像什么？

二、教师介绍材料，并引发幼儿讨论：怎样用橡皮泥制作蜗牛

引导语：今天我们要用橡皮泥与牙签做蜗牛，小朋友想一想怎样用这些材料做成一只小蜗牛。

三、教师边朗诵儿歌边示范，引导幼儿理解蜗牛的制作要点

儿歌：

橡皮泥呀真漂亮，团一团呀团成球，搓一搓呀搓成条，一头粗来一头细，卷呀卷呀卷呀卷，蜗牛宝宝做出来，小小触角头上长。

橡皮泥呀真漂亮，团一团呀团成球，搓一搓呀搓成条，一头粗来一头细，轻轻按一按，蜗牛身体长又扁。

橡皮泥呀真漂亮，团一团呀团成球，搓一搓呀搓成条，搓成条后卷一卷，卷成蜗牛小贝壳。

四、幼儿尝试制作蜗牛，教师观察指导

1. 指导幼儿用捏、团、搓、卷的动作制作蜗牛。
2. 提醒幼儿注意牙签使用的安全，不将牙签放在嘴里。
3. 提醒幼儿将做好的蜗牛放在布置成草地的托盘里。

五、相互欣赏、评价作品

提问：你喜欢哪只蜗牛？为什么？

【活动延伸】

区域活动：将幼儿制作的蜗牛沙盘投放在语言区，指导幼儿自编故事《小蜗牛去旅行》。

（设计：余巧仙　指导：董双红）

一串香蕉（泥工）

【活动目标】

1. 感受香蕉的外形特征，尝试运用捏、团、搓、连接等方法制作一串香蕉。
2. 体验泥工活动的乐趣。

【活动准备】

1. 经验准备：幼儿已用橡皮泥做过黄瓜、茄子、胡萝卜、辣椒等物品，已有橡皮泥制作的相关经验。

2. 材料投放：教学课件，实物香蕉一串，背景音乐，橡皮泥、牙签、泥工板每人一块，托盘若干。

【活动过程】

一、出示香蕉，引导幼儿观察香蕉的外形特点

提问：香蕉是什么颜色的？它长什么样，像什么？每根香蕉是怎样连接成一串的？

二、教师播放香蕉的制作步骤课件，讲解示范一串香蕉的制作方法

步骤一：把橡皮泥团成球后搓长。

步骤二：将搓长的橡皮泥弯一弯，在其中一头捏出香蕉小柄。

步骤三：把做好的单个香蕉排列在一起。

步骤四：再搓一个长条，把单个香蕉用牙签接到长条上。

三、幼儿用橡皮泥制作一串香蕉，教师观察并指导

重点：指导幼儿怎样把做好的单个香蕉连成一串。

四、欣赏评价作品，重点引导幼儿回忆将香蕉连接成一串的方法

提问：你觉得哪一串香蕉最好看？你用什么办法把一根根的香蕉连在一起变成一串？

【活动延伸】

区域活动：在美工区投放泥工图谱、橡皮泥、泥工板，让幼儿制作剥开皮的香蕉。

（设计：余巧仙　指导：董双红）

五彩鱼（综合制作）

【活动目标】

1. 感受各种鱼的色彩与花纹的美，能用纸盘、吸管等废旧物品制作并装饰各种各样的鱼。

2. 体验自制玩具的乐趣。

【活动准备】

1. 经验准备：幼儿欣赏过各种色彩的鱼，画过热带鱼，对鱼的外形、花纹色彩有所了解。

2. 材料投放：教学课件，"多彩鱼"范例，刷成各种颜色的纸盘、牛奶盒，吸管、夹子、瓶盖、纸盘、冰棒棍等，双面胶、剪刀。

【活动过程】

一、播放课件，引导幼儿欣赏鱼的外形、色彩、花纹

提问：你喜欢哪只小鱼？它是什么颜色？鱼身上有什么花纹？

二、组织幼儿参观"材料超市"，引发幼儿制作的愿望

提问："材料超市"里都有些什么？怎样用这些材料做出一条漂亮的鱼？

三、出示范例，引导幼儿了解制作材料

提问：鱼的身体是用什么材料做的？鱼的鳞片是用什么做的？还可以用什么来做？

四、幼儿制作，教师观察并指导

1. 引导幼儿自主选择材料制作。

2. 指导幼儿将材料黏贴牢固。

五、将幼儿作品装饰在活动室的墙面上，引导幼儿欣赏交流

提问：你喜欢哪一条鱼，为什么？

【活动延伸】

1. 区域活动：在美工区中，继续利用各种废旧材料进行创意美工活动。

2. 家园共育：发动家长与幼儿一起收集废旧物品，并进行创意利用。

【幼儿作品】

（设计：翁娜　指导：董双红）

可爱的小水母（撕纸）

【活动目标】

1. 感受水母的形态美，能用手将报纸撕成长条，并粘贴制作水母。
2. 体验动手撕纸、粘贴的乐趣。

【活动准备】

1. 经验准备：幼儿欣赏过绘本《小水母的愿望》，有过使用固体胶棒和撕纸的经验。

2. 材料投放：欣赏水母的课件，海浪背景音乐，彩色卡纸剪成水母身体，报纸、固体胶棒。

3. 情境创设：在活动室中布置一面海底世界背景墙。

【活动过程】

一、配乐欣赏绘本《小水母的愿望》片段，引出主题

引导语：小水母厌倦了自己在海底的生活，他感觉很孤单，他想去寻找自己的朋友。我们一起来帮助他，找到许多的好朋友吧。

二、播放课件，欣赏各种水母的形态，激发幼儿制作的兴趣

提问：这些水母的身体是什么形状的？触手是什么样子的，像什么呢？

三、教师出示卡纸做的水母的身体，引导幼儿讨论制作方法

提问：老师已经用卡纸剪好了水母的身体，可以用什么做水母的触手呢？怎么做？

四、教师讲解示范撕纸的正确方法

1. 教师示范将报纸撕成长条。

引导语：两只手的手指头同时捏住报纸的一边，将一只手沿着一个方向往下撕，报纸就撕下了一长条。

2. 请个别幼儿示范撕报纸，巩固正确的方法。

3. 示范讲解粘贴的要点。

引导语：把撕成长条的报纸一头涂上胶水，贴在半圆形的直线这条边上，水母的触手就做好了。

五、幼儿制作，教师观察指导

1. 提醒幼儿可以先将触手都撕好后再进行粘贴。
2. 注意操作时保持作品和桌面的清洁。

六、展示作品，交流评价

提问：你最喜欢哪一只水母，为什么？

【活动延伸】

区域活动：在美工区投放相应的制作材料，引导幼儿继续动手练习撕纸，尝试制作其他作品。

（设计：张莺　指导：董双红）

我给小树换新装（剪纸）

【活动目标】

1. 掌握使用小剪刀的基本要领，尝试用花边剪小树叶装饰树枝。
2. 体验剪纸的乐趣。

【活动准备】

1. 经验准备：认识小剪刀，懂得手持剪刀的方法。
2. 材料投放：秋天枫树的图片，小张长方形黄、红、橙复印纸若干，花边剪刀、小塑料盒若干、枯树枝两枝、胶水、小刷子等。

【活动过程】

一、出示枫树的图片，引导幼儿感受秋天枫叶的色彩美

提问：秋天到了，枫树的树叶变成什么颜色了？看起来怎么样，像什么？

二、出示枯树枝，引发幼儿剪纸的兴趣

提问：怎样打扮这两棵枯树，让它们也像枫树一样美？

三、教师示范讲解用花边剪树叶的基本要领

1. 教师讲解使用剪刀的基本要领。

提问：怎样拿剪刀可以将纸剪断？

2. 示范如何将长方形的纸张剪成树叶。

小结：将纸条剪成一段一段，小剪刀一张一合不断向前剪，才能剪出长长的树叶。

四、幼儿剪纸，教师观察并指导

指导要点：

1. 提醒幼儿正确使用剪刀，鼓励幼儿大胆剪。
2. 引导幼儿将剪好的树叶粘贴到树枝上。

五、欣赏作品，感受剪纸的乐趣

提问：小树叶粘贴到树枝上，小树枝美吗？

【活动延伸】

区域活动：在美工区继续开展幼儿剪纸活动，如剪萝卜面条、蔬菜面条喂小动物。

（设计：李静芳　指导：董双红）

圣诞老爷爷的胡子（剪纸）

【活动目标】

1. 尝试用小剪刀剪长纸条，并装饰成圣诞老爷爷的胡子。
2. 体验剪纸的乐趣。

【活动准备】

1. 经验准备：幼儿已有多次使用花边剪的经验，懂得手持剪刀的方法。
2. 材料投放：半成品圣诞老爷爷的头像一个，白色小张长方形复印纸若干，剪刀、胶水等，背景音乐《铃儿响丁当》。

【活动过程】

一、出示圣诞老人的头像，激发幼儿剪纸的兴趣

引导语：圣诞节快到了，圣诞老爷爷非常忙碌，要给全世界的小朋友送礼物，今天早上他睡醒时发现自己的胡子一把把地掉下来，变成现在的样子了。（出示没有胡子的圣诞老人）没有胡子，圣诞老爷爷的魔法就会消失，变不了礼物了，怎么办？

二、引导幼儿讨论怎样用纸张为圣诞老人做"胡子"

提问：为圣诞老人做胡子该怎么剪？

三、教师示范讲解剪"胡子"的要领

引导语：用小剪刀从纸张的一边开始连续向上剪，剪到纸的上端停下来不剪断。依次这样剪，剪成一排像流苏一样。然后，将剪好的纸条粘贴在圣诞老人的下巴上。

四、幼儿剪纸，教师观察并指导

指导要点：

1. 提醒幼儿正确使用剪刀，注意留一些边缘不剪。
2. 引导幼儿将剪好的胡子粘贴在圣诞老人的下巴上。

五、用做好的作品装饰活动室的环境，让幼儿互相欣赏，感受剪纸的乐趣

【活动延伸】

区域活动：将材料投放于美工区，引导幼儿继续剪纸。

（设计：李静芳　指导：董双红）

美丽的绣球花（剪纸）

【活动目标】

1. 掌握用对折剪的方法剪绣球花，并粘贴装饰雨伞。

2. 体验剪纸的乐趣。

【活动准备】

1. 经验准备：幼儿已有对角折剪十字花和树叶的经验。

2. 材料投放：实物绣球花若干盆，中班幼儿用绣球花装饰的纸袋作品两个，橙色、黄色、深浅绿色小正方形蜡光纸若干，胶水，透明伞两把等。

【活动过程】

一、引导幼儿观察绣球花花朵的特点以及花与叶的形状

提问：绣球花是什么样的，像什么？每一朵绣球花有几片花瓣？花瓣和叶子是什么形状？

二、欣赏中班哥哥姐姐用剪好的绣球花装饰的纸袋，激发幼儿的创作欲望

提问：纸袋上的绣球花是怎么剪的？

三、教师引导幼儿回忆前期剪纸的经验，并示范讲解剪绣球花及装饰雨伞的要领

1. 引导幼儿回忆剪桃花的经验，示范剪绣球花的要领。

提问：上次我们学会了剪桃花，是怎么剪的？想一想绣球花上的小花可以怎样折，怎样剪？

2. 教师示范剪纸要领：将正方形纸边对边上下左右对称折，变成小正方形，剪去四个角，打开就是一朵小绣球花。

3. 出示透明雨伞，引导幼儿讨论如何装饰。

提问：剪好的绣球花和叶子要怎样贴在雨伞上才漂亮？

小结：将剪好的小花一朵挨着一朵地贴成一个花球，再在边上贴上几片叶子。

四、幼儿剪纸，教师观察并指导

指导要点：

1. 提醒幼儿先折再剪。

2. 引导幼儿将剪好的绣球花一朵挨着一朵地贴成一个花球装饰雨伞。

五、将装饰好的雨伞布置在活动室的上空，让幼儿互相欣赏，感受剪纸的乐趣

【活动延伸】

区域活动：将材料投放到美工区，让幼儿继续剪绣球花，装饰不同的物品。

（设计：李静芳　指导：董双红）

可爱的小鸡（剪纸）

【活动目标】

1. 观察小鸡的外形特点，感受小鸡的动态美。
2. 尝试用剪纸粘贴表现小鸡的特点与动态，体验剪纸的乐趣。

【活动准备】

1. 经验准备：幼儿已有去掉正方形四个角剪圆形的经验。
2. 材料投放：欣赏课件，黄色、黑色、红色大小不等的长方形正方形泡棉纸和卡纸每人一份，白乳胶、胶水刷、黑色水彩笔等。

【活动过程】

一、播放课件，引导幼儿观察小鸡的外形特点，感受小鸡的动态美

提问：小鸡是什么颜色的？小鸡的身上有什么？翅膀（嘴巴、身体）是什么形状的？你看到了小鸡在做什么？

二、教师示范讲解用泡棉纸剪贴小鸡

教师讲解如何剪身体和翅膀。

1. 提问：小鸡的身体（翅膀、嘴巴、小脚）可以怎样剪？怎样贴？
2. 在幼儿回答后，教师进行讲解示范。

剪身体：将黄色长方形的泡棉纸剪掉四个角，一点一点剪掉多出的小角，修成椭圆形或圆形。

剪嘴巴：将红色正方形沿对角中线剪或两半，上下各贴一个，变成小鸡的嘴。

剪小脚：将黑色长条卡纸对半剪短，变成两只小脚。

三、幼儿尝试剪贴小鸡，教师观察并指导

指导要点：

1. 鼓励幼儿大胆剪贴，表现不同动态的小鸡。
2. 提醒幼儿用黑色水彩笔添画小鸡的眼睛。

四、作品展示欣赏与评价

1. 引导幼儿说说谁剪贴的小鸡有趣可爱。
2. 让幼儿交流剪贴中遇到问题和困难，说说自己是怎样解决的。

【活动延伸】

区域活动：将材料投放到美工区，让幼儿继续尝试剪贴不同动态的小鸡。

【幼儿作品】

（设计：李静芳　指导：董双红）

热带鱼（剪纸添画）

【活动目标】

1. 欣赏热带鱼的形态和花纹，尝试用圆形、正方形剪纸添画热带鱼。
2. 体验剪纸添画的乐趣。

【活动准备】

1. 经验准备：幼儿已认识鱼类，有使用胶水和剪刀的经验。
2. 材料投放：教学课件，大小、颜色不同的圆形和正方形纸片若干，胶水，A4复印纸、水彩笔、剪刀人手一份。

【活动过程】

一、播放课件，欣赏热带鱼的形态和花纹

提问：热带鱼的身体有哪些形状？花纹是什么样子的？

二、教师示范讲解剪贴热带鱼的步骤

步骤一：将圆形纸边对边折成半圆形，用剪刀斜斜地剪下对折边的一个角。

步骤二：打开纸与剪下的小角，拼贴成鱼的身体和尾巴。

步骤三：用水彩笔或油画棒添画热带鱼的眼睛、鱼鳍和身上的花纹，还可以画水草和泡泡。

用同样的方法，可以把正方形剪贴成一只不一样形状的热带鱼。

三、幼儿剪贴热带鱼，教师观察指导

指导要点：

1. 鼓励幼儿大胆折剪出不同大小的热带鱼。
2. 启发幼儿添画热带鱼的眼睛、鱼鳍、牙齿、条纹，以及水草、泡泡等。

四、展示作品，欣赏评价

引导语：瞧！小朋友剪的热带鱼多开心呀，每一只都张大嘴巴笑呢！仔细看看它们好像在说话，猜猜它们在说什么呢？

提问：你喜欢哪一只热带鱼？为什么？

【活动延伸】

区域活动：将材料投放到美工区中，让幼儿继续剪不同形状的小鱼。

【幼儿作品】

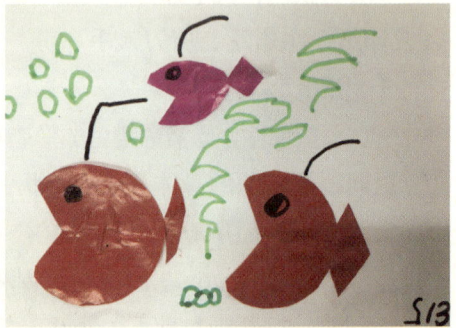

（设计：张莺　指导：李静芳）

美丽的郁金香（折纸）

【活动目标】

1. 能用对角折的方法表现郁金香花。
2. 喜欢折纸活动，能耐心、细致地折纸。

【活动准备】

1. 经验准备：幼儿已有对角折的经验。
2. 材料投放：郁金香的图片，红色、黄色、粉色正方形的彩纸若干，棉签、胶水、水彩笔和油画棒、白纸若干，背景音乐《春野》。
3. 情境创设：花园背景展板。

【活动过程】

一、出示郁金香花图片，引导幼儿感受郁金香花朵的造型和色彩美

提问：每年春天，公园里有一种十分漂亮的花开了，看，是什么花？郁金香的花朵像什么？郁金香都有哪些颜色？

二、教师示范讲解折郁金香花的方法

1. 教师引导幼儿回忆对角折的方法。
2. 教师示范并讲解折纸要领。

讲解语：大角和大角做朋友（对角折），抹平变成一个三角形。两个小角也想和大角做朋友，小角找大角做朋友时，小角要离大角远一些，两个小角在旁边，一个大角在中间，一朵美丽的郁金香就折好了。

三、幼儿折纸，教师观察并指导

指导要点：

1. 观察幼儿掌握对角折的情况，适当帮助能力弱的幼儿。
2. 提醒幼儿把胶水涂在郁金香的反面，三个花瓣朝上贴在花园背景图上，再用油画棒和水彩笔添画枝叶或其他景物。

四、引导幼儿相互欣赏评价作品

提问：你的郁金香花是用什么颜色的纸折的？你最喜欢哪一朵？为什么？

【活动延伸】

区域活动：将材料投放到美工区，继续让幼儿尝试折郁金香和叶子，装饰活动室。

（设计：李静芳　指导：董双红）

中班

可爱的小动物（综合制作）

【活动目标】

1. 能将袜子与各种材料组合，发挥想象制作小动物玩偶。
2. 体验自制玩具的乐趣。

【活动准备】

1. 经验准备：幼儿已了解小狗、小猫、小兔等动物的外形特征。

2. 材料投放：范例若干；发动幼儿收集各种色彩的旧袜子，洗晒干净备用；各种夹子、毛根条、半成品的眼睛、扣子、双面胶等投放在"材料超市"；狂欢节背景音乐。

3. 情境创设：布置森林背景的展板一幅。

【活动过程】

一、激趣引题

引导语：动物狂欢节快到了，森林之王老虎知道我们班小朋友很能干，它想请你们带上自制的小动物去参加狂欢节，你们愿意吗？

二、组织幼儿参观"材料超市"，了解材料，讨论制作方法

提问："材料超市"里都有些什么？这些材料可以怎么用？可以用哪些材料填充袜子，做成小动物的身体？

三、欣赏不同造型的小动物范例，示范讲解制作步骤

1. 出示小兔、小鸭子、小猫范例，引导幼儿欣赏。

提问：看一看用袜子可以做哪些小动物？

2. 教师示范讲解制作步骤。

步骤一：找一只自己喜欢的袜子，用蓬松的材料填充，做成小动物的身体。

步骤二：用毛根条或夹子进行造型，贴上眼睛，做成各种小动物。

四、幼儿制作，教师观察并指导

指导要点：启发幼儿巧妙利用袜子的颜色或花纹，想象制作各种小动物，如用黄色的袜子做鸭子、小鸡，用黑白条纹的袜子做斑马等。

五、展示作品，相互欣赏评价

1. 让幼儿把做好的动物集中展示在展板上，并互相欣赏。

引导语：请向小朋友介绍你做的小动物。

2. 互相交流评价。

提问：你用袜子做了什么动物？你最喜欢哪一只小动物？为什么？

六、播放音乐，以"动物狂欢节"的形式自然结束

引导语：让我们带上小动物参加森林里的狂欢节吧！

【活动延伸】

1. 区域活动：

（1）美工区：投放各种色彩袜子、娃哈哈瓶子、各种夹子、毛根条，让幼儿设计制作。

（2）表演区：将动物木偶投放到表演区，让幼儿进行故事表演。

2. 家园共育：发动家长与幼儿一起收集材料，进行创意制作。

（设计：翁娜　指导：董双红）

五彩花纹的瓶子（泥工）

【活动目标】

1. 感受花瓶不同的纹样美，能运用橡皮泥塑造花纹装饰瓶子。
2. 巩固搓、压、捏等技能，感受泥工活动的乐趣。

【活动准备】

1. 经验准备：

（1）幼儿已欣赏过各种花纹的花瓶。

（2）幼儿已有彩泥装饰的经验。

2. 材料投放：教学课件，范例若干，各种饮料瓶、各色橡皮泥。

【活动过程】

一、播放课件，引导幼儿欣赏，感受花瓶上纹样的美

提问：这些花瓶上装饰有哪些花纹？你喜欢哪一种花纹？

二、欣赏 2—3 个范例，引发幼儿讨论装饰瓶子的方法

提问：这几个花瓶是用什么材料装饰的？有什么样的花纹？这些花纹是怎样制作的？颜色是怎样搭配的？

三、幼儿创作，教师观察并指导

指导要点：

1. 鼓励幼儿大胆想象，用各种色彩的橡皮泥搓、压、捏成不同的线条、形状装饰瓶子。

2. 提醒幼儿将塑造好的花纹装饰在合适的位置，注意颜色的搭配。

四、展示幼儿作品，相互欣赏评价

1. 自由欣赏同伴的作品。

2. 集中交流、评价。

提问：你最喜欢哪一个花瓶？为什么？

【活动延伸】

区域活动：

1. 美工区：投放各种各样的瓶子，引导幼儿继续装饰。

2. 欣赏区：创设"艺术品展览馆"，将幼儿装饰的瓶子展示在馆内。

【幼儿作品】

（设计：翁娜　指导：董双红）

贝壳创想（综合制作）

【活动目标】

1. 能大胆想象，用贝壳和辅助材料进行组合、连接、拼摆制作各种物体。
2. 体验综合运用材料创作的乐趣。

【活动准备】

1. 经验准备：幼儿已有综合运用各种废旧材料自制玩具的经验。
2. 材料投放：

（1）主材料：涂好颜色和原色的贝壳类若干，如鲍鱼、淡菜、扇贝、青蛾、蛏的壳。

（2）辅助材料：泡沫材料、有盖子的纸盒、牙膏盒、吸管、瓶盖、扣子、铁线、鱼线等。

（3）美工材料：黑色勾线笔若干。

（4）教师事先做好的范例：贝壳项链、贝壳拼画、贝壳串铃等。

【活动过程】

一、欣赏前期幼儿制作的作品

1. 欣赏富有创意的同伴作品。
2. 请个别幼儿介绍作品的创意。

二、介绍新材料，激发幼儿再次制作的愿望

引导语：这次的贝壳制作活动除了各种贝壳，还有吸管、瓶盖、铁线、鱼线、有盖子的纸盒等，小朋友可以做出更多好玩的东西啦！

三、出示新材料制作的作品，引导幼儿欣赏，启发幼儿想象

1. 作品欣赏。

提问：这是老师制作的贝壳项链、贝壳拼画、贝壳串铃，看看都用了什么材料制作。

2. 启发幼儿想象。

提问：你想做什么？用什么材料做？

四、幼儿自选材料分组制作，教师观察指导

第一组：贝壳串联组。指导幼儿将贝壳与吸管、木珠等组合串成项链、手链、串铃等。

第二组：贝壳拼贴组。指导幼儿用各种贝壳排列组合成各种花纹。

第三组：贝壳拼画组。指导幼儿将贝壳与其他材料组合拼摆成各种图案。

第四组：贝壳创意组。指导幼儿将贝壳与纸盒等组合制作成各种物品。

五、幼儿互相分享、交流自己的作品

1. 欣赏同伴作品，相互介绍自己的作品。
2. 每小组请一位幼儿介绍作品的创意。

【活动延伸】

区域活动：将材料投放在美工区，让幼儿继续制作、拼摆，玩出自己的创意。

（设计：林芳　指导：董双红）

调皮的小猴（剪纸）

【活动目标】

1. 感受小猴的不同动态，能用剪贴的方式表现。
2. 体验剪纸的乐趣。

【活动准备】

1. 经验准备：幼儿已认识猴子的基本特征，已有剪圆形窗花的经验。
2. 材料投放：教学课件，范例若干、空白信封若干、红色正方形的蜡光纸、棕色小正方形蜡光纸、卡纸剪成的半成品材料（猴子的四肢、尾巴）、剪刀、胶水、黑色水笔等。

【活动过程】

一、播放课件，引导幼儿观察猴子的不同动态

提问：小猴喜欢干什么？小猴倒挂在树上时，头、身体和手脚是什么样子的？荡秋千时，小猴的身体是什么样子的？

二、以布置班级环境的形式，激发幼儿制作的愿望

引导语：猴年快到了，我们一起制作可爱的小猴布置班级吧。

三、欣赏不同的作品，引导幼儿讨论制作的方法

提问：这些小猴是用什么做的？小猴有哪些动作？猴子的脸部贴在信封的什么位置？小猴的身体是用什么来装饰的？

四、教师示范讲解制作要点

1. 示范用对折剪的方法剪出小猴的脸，并用黑色水彩笔画出眼睛嘴巴。
2. 示范粘贴猴子身体的方法，表现猴子的不同动态。

引导语：我们在粘贴小猴的身体时，只要变换头的位置和四肢的动作，就可以贴出各种动态的小猴。

五、幼儿剪纸，教师观察并指导

指导要点：启发幼儿大胆尝试制作不同动态的猴子。

六、展示作品，幼儿互相欣赏评价

【活动延伸】

1. 区域活动：将材料投放在美工区，让幼儿继续创作不同动态的猴子。

2. 环境创设：用幼儿的作品布置活动室。

【幼儿作品】

（设计：李静芳　指导：董双红）

亲亲茉莉花（剪纸）

【活动目标】

1. 尝试用对角折剪的方法表现茉莉花的美。
2. 用茉莉花装饰花灯、纸袋，体验剪纸的乐趣。

【活动准备】

1. 经验准备：

（1）幼儿已有对角折剪十字花的经验。

（2）在植物角里种植茉莉花，让幼儿观察茉莉花的形状、闻闻茉莉花的花香。

2. 材料投放：茉莉花的欣赏课件，白色、绿色、蓝色小正方形复印纸，剪刀，胶水若干，茉莉花盆栽若干，教师事先做好的立体剪纸茉莉花一朵，半成品花灯和纸袋六个。

【活动过程】

一、幼儿自由观赏茉莉花盆栽，观察花朵特点，闻闻花香

引导语：老师带来了茉莉花，请你们闻一闻、看一看。

二、播放课件，引导幼儿观察茉莉花的造型

提问：茉莉花的花瓣是什么形状的，有几层？叶子是什么颜色，什么形状的？

三、引导幼儿迁移前期剪纸经验，讨论怎样剪茉莉花

1. 教师出示一朵事先做好的茉莉花，引导幼儿观察茉莉花是怎样做成的。

引导语：认真看看茉莉花是怎样做成的。

2. 迁移剪十字花的经验，学习对角折剪出圆形花瓣的茉莉花。

3. 教师示范讲解怎样将两朵十字花贴成立体的茉莉花。

讲解语：将剪好的茉莉花花瓣向花心的方向上折，花心对着花心，花瓣错开，重叠粘在一起，就做成了一朵立体的茉莉花。

四、幼儿动手制作，教师观察并指导

指导要点：

1. 指导幼儿将两朵十字花对粘时花瓣要错开。

2.引导幼儿将剪好的茉莉花粘贴在花灯或纸袋上。

五、幼儿相互欣赏并评价同伴的作品

提问：看一看哪一朵茉莉花最美？你在剪贴茉莉花时遇到什么问题，是怎样解决的？

【活动延伸】

区域活动：将材料投放到美工区，继续让幼儿尝试剪不同颜色的立体花，将剪好的花装饰在不同的物体上。

（设计：李静芳　指导：董双红）

漂亮的中国结（剪纸）

【活动目标】

1. 欣赏中国结的外形和色彩，感受中国结的美。

2. 尝试用对折镂空的方法剪中国结，体验剪纸的乐趣。

【活动准备】

1. 经验准备：幼儿已有对折剪的经验。

2. 材料投放：中国结 PPT，红色正方形、小张长方形蜡光纸，剪刀、胶水等。

【活动过程】

一、播放 PPT，欣赏中国结的外形和色彩，感受中国结的美

引导语：每年春节，家家户户都会挂上红红的中国结，我们一起来欣赏吧！

提问：这些不同造型的中国结有一些相似的地方，是什么？

小结：这些中国结都是红色的，左右对称的，有流苏、有绳子。

二、教师讲解示范用对折镂空的方法剪中国结

1. 提问：一张正方形的纸，怎样折、怎样剪才能变成中国结呢？

2. 教师提问后示范、分解镂空难点部分。

（1）中国结镂空纹样怎样剪？

剪法：将正方形的纸角对角连续折三次，变成小三角形后，在三条边用左右斜刀镂空出不同大小的三角形纹样，打开后即成菱形的中国结镂空纹样了。

（2）中国结的流苏和绳子怎样剪？

剪法：取一张小张长方形的纸条用直线刀法剪出像梳齿一样细细的流苏，剪出一条做绳子，将绳子、流苏分别粘在菱形中国结的上下端。

三、幼儿创作，教师观察指导

指导要点：

1. 提醒幼儿将正方形的纸角对角连续折三次，每次都要将纸压平，抹出折痕。

2. 鼓励幼儿大胆镂空，尝试不同纹样的中国结，剪出富有创意的作品。

四、展示作品，相互欣赏并评价

1. 幼儿可将做好的中国结提在手上或张贴在墙上，与同伴相互欣赏。
2. 引导幼儿互相评价作品，鼓励独立完成、耐心细致、有创意的幼儿。

提问：你们喜欢哪个中国结？谁的中国结和大家不一样、最特别？请小朋友介绍是怎样剪出来的。

【活动延伸】

区域活动：在美工区投放圆形、正方形的纸，迁移已有的剪纸经验，鼓励幼儿大胆尝试剪出富有创意的作品。

（设计：李静芳　指导：游兆菁）

福州"三宝"之一——角梳（剪纸）

【活动目标】

1. 欣赏福州"三宝"之一——角梳的美，尝试用排剪的方法剪角梳。
2. 体验剪纸活动的快乐。

【活动准备】

1. 经验准备：幼儿已有对称剪的剪纸经验；每位幼儿带一把角梳，观察角梳的外形特点。

2. 材料投放：教学课件，裁成长方形的橙色、黄色或紫色、粉色泡棉纸，剪刀，水彩笔等。

【活动过程】

一、播放课件，欣赏福州"三宝"

提问：福州"三宝"指的是哪三宝？

二、出示各种角梳，引导幼儿观赏角梳的色彩和形状

提问：角梳有哪些形状和颜色？角梳的梳齿是怎样的？

三、教师讲解示范，引导幼儿学习用对称折、排剪的方法剪角梳

步骤一：将长方形泡棉纸长边对称折，用直线刀法或弧线刀法修剪开口边上的两个角，剪出自己喜欢的梳子造型。

步骤二：用直线刀法在长方形泡棉纸的长边上整齐地剪一排竖线，依次间隔剪断一根梳齿，镂空出梳齿的间隙。

步骤三：根据角梳的造型进行想象，用水彩笔在角梳上添画装饰图案。

四、幼儿剪角梳并添画，教师观察指导

指导要点：

1. 提醒幼儿剪梳齿时要耐心细致。
2. 鼓励幼儿大胆想象和添画。

五、展示作品，相互欣赏

1. 鼓励幼儿向大家介绍自己的角梳，让同伴猜一猜自己把角梳想象成什么。
2. 交流剪纸中遇到的问题，说说自己是怎样解决的。

【活动延伸】

区域活动：

1.美工区：鼓励幼儿在区域中继续创作，大胆想象，装饰角梳，如将角梳装饰成公共汽车、斑马、长颈鹿、小花、犀牛等有趣的造型，把角梳变成一件件艺术品。

2.角色区：将幼儿设计剪出的角梳投放在"商店"里，引导幼儿开展游戏。

（设计：李静芳　指导：游兆菁）

圣诞树（剪纸）

【活动目标】

1. 观察圣诞树和树叶的造型，感受圣诞树的造型美。
2. 能用小手掌画树叶并剪好、装饰圣诞树，体验剪纸活动的乐趣。

【活动准备】

1. 经验准备：幼儿已有剪弧线及沿线剪的经验；活动前带幼儿欣赏幼儿园大厅的圣诞树，观察和欣赏圣诞树的造型及树叶的美。

2. 材料投放：半成品绿色锥形圣诞树底胚和手形树叶各一个，小张长方形绿色复印纸、红色正方形蜡光纸若干，铅笔、胶水等，背景音乐《铃儿响叮当》。

【活动过程】

一、经验回忆，引导幼儿感受圣诞树的造型和树叶形状美

提问：幼儿园大厅里的圣诞树是什么形状？圣诞树的树叶是怎样的？你喜欢圣诞树吗？它哪里美？

二、出示锥形圣诞树底胚和手形树叶，教师提问并讲解剪贴圣诞树的步骤

1. 教师提问并示范剪手形树叶。提问：手形树叶怎样画在纸上？怎样用剪刀将画好的手形沿线剪下来？

讲解语：我们来玩赛车游戏，把弯弯曲曲的手形线当跑道，把剪刀当赛车，左手拿着纸就像握着赛车的方向盘，顺着弯弯曲曲的赛车跑道转动纸张，剪刀顺着弯道剪，别让剪刀偏离赛车跑道。

2. 教师提问并示范粘贴圣诞树。

提问：剪好的手形树叶怎样粘贴在树胚上？

讲解语：将胶水涂在手形树叶的掌根位置，手形树叶的指尖朝下，从下到上，一片挨着一片粘贴在圣诞树的树胚上。

三、幼儿剪纸，教师观察指导

指导要点：

1. 提醒幼儿画手形树叶时，压在纸上的手指要分开，放好后不移动，画线要连贯。

2.鼓励幼儿要耐心剪手形树叶，左右手配合好。

3.提醒幼儿依次从底部往上将手形树叶粘贴在圣诞树胚上。

四、播放背景音乐《铃儿响丁当》，装饰并欣赏圣诞树

1.请幼儿用红色的正方形蜡光纸剪小红果装饰圣诞树。

2.欣赏装饰好的圣诞树，找一找哪片小树叶剪得最美，体验剪纸的乐趣。

【活动延伸】

1.区域活动：将材料投放到美工区，让幼儿继续学习剪手形树叶，装饰圣诞树或做成其他物品。

2.环境创设：用幼儿制作的圣诞树布置班级环境。

（设计：李静芳　指导：董双红）

堆雪人（剪纸）

【活动目标】

1. 欣赏雪人独特的外形，尝试剪圆形窗花并组合成雪人造型。

2. 体验剪纸的乐趣。

【活动准备】

1. 经验准备：幼儿已有剪方形窗花的经验。

2. 材料投放：教学课件，红、橙、黑、棕色小张长方形蜡光纸，大小不同的正方形白色宣纸若干，剪刀、胶水等。

【活动过程】

一、播放课件，欣赏雪人独特的外形，激发幼儿的兴趣

提问：大家仔细看看小朋友堆出的雪人是什么样子的？雪人由什么形状的雪球组成？小朋友用哪些东西装饰雪人？

引导语：老师用剪纸的办法也能堆出一个雪人，你们信吗？

二、教师讲解并示范剪圆形窗花的步骤与方法

1. 引导幼儿回忆对折镂空的方法剪方形窗花的经验。

提问：还记得正方形窗花是怎么剪的吗？

2. 教师讲解示范圆形窗花的剪纸步骤。

步骤一：将正方形白色宣纸角对角连续对折三次后，再边对边对折一次。

步骤二：剪掉纸边变成细细的扇形。

步骤三：在扇形的两条纸边，用左右斜刀镂空大小不等的三角形纹样。

步骤四：打开剪好的纸张，铺平。

3. 与幼儿探讨怎样粘贴、装饰小雪人。

提问：怎样把窗花变成小雪人？你想怎样装饰雪人？这里有许多不同颜色的蜡光纸，你们想一想可以用什么办法剪出眼睛、鼻子、嘴巴、围巾、帽子、扫把。

三、幼儿剪雪人并装饰，教师观察指导

指导要点：

1. 提醒幼儿将扇形的两条纸边镂空纹样时，注意不将扇形剪断。

2.鼓励幼儿大胆装饰雪人。

四、作品欣赏与交流

1.欣赏作品，比一比谁的雪人有趣可爱。

2.分享交流剪纸经验，说说自己在剪纸中遇到什么问题，是怎样解决的。

【活动延伸】

区域活动：将材料投放到美工区中，让幼儿继续尝试创意剪雪人。

【幼儿作品】

（设计：李静芳　指导：董双红）

豆豆精灵（撕纸）

【活动目标】

1. 欣赏撕纸作品的美，能用色卡纸撕贴制作豆豆精灵。
2. 学习撕纸拼贴的基本方法，体验撕纸活动的乐趣。

【活动准备】

1. 经验准备：幼儿已有初步的撕纸经验。
2. 材料投放：道具豆豆一个，红色、黄色、橙色、黑色、棕色、白色长方形色卡纸及固体胶每人一份。
3. 情景创设：将大班幼儿的撕纸作品展示在展板上。

【活动过程】

一、自由欣赏大班幼儿的撕纸作品"脸谱娃娃"

1. 幼儿自由观察欣赏。

引导语：大班的哥哥姐姐做了许多脸谱娃娃，我们一起来欣赏吧！

2. 集体交流。

提问：这些脸谱娃娃长得什么样子？是什么颜色？仔细看看，这些脸谱娃娃是怎样做出来的？圆圆的身体、眼睛、鼻子、嘴巴、头发、四肢怎样撕，怎样贴？

二、出示道具豆豆，激发幼儿撕贴"豆豆精灵"的愿望

引导语：有一个可爱的小豆豆，它多么想变成一个豆豆精灵，像你们一样能跑能跳，你们来帮他实现这个愿望吧。今天我们就用撕纸的办法来帮助豆豆变身。

三、引导幼儿回忆已有撕纸经验，重点讲解如何撕出"豆豆精灵"的身体

1. 教师提问并示范讲解"豆豆精灵"身体的撕纸方法。

提问：撕纸的时候两手的食指、大拇指要怎么配合？

讲解语：撕纸的时候，两只手的食指、大拇指要靠近，捏住纸张，一点一点地撕，才能撕出自己想要的形状。

2. 引导幼儿探讨如何撕"豆豆精灵"的眼睛、鼻子、嘴巴、头发、四肢。

四、幼儿创意撕贴，教师观察指导

指导要点：引导幼儿大胆撕贴，创作不同造型的"豆豆精灵"。

五、欣赏同伴的作品，相互介绍自己作品的创意之处

提问：你的作品和别人的有什么不一样？你喜欢谁的作品，为什么？

【活动延伸】

区域活动：将材料投放到美工区，让幼儿继续尝试撕纸粘贴不同的人物。

（设计：李静芳　指导：董双红）

一篮水果（剪纸）

【活动目标】

1. 学习用二方连续折剪的方法剪花篮，巩固对称折剪的方法剪水果。

2. 体验剪纸的乐趣。

【活动准备】

1. 经验准备：幼儿已学会对称折剪水果。

2. 材料投放：剪纸范例，黑色长方形蜡光纸，红色、橙色、黄色正方形蜡光纸，剪刀、固体胶棒，实物水果一篮。

【活动过程】

一、出示一篮水果，引导幼儿观赏

引导语：秋天到了，果园里的水果熟了，我们一起看看都有哪些水果吧。

二、出示范例，引导幼儿回忆水果的剪法，讨论剪篮子的方法

提问：怎样剪苹果、梨子、橘子？这些水果的形状什么不同？怎样能又快又整齐地剪出篮子上的镂空花纹？

三、教师示范讲解二方连续折剪花篮的步骤

步骤一：将长方形纸的长边连续对折三次，折成一个细细的长方形。

步骤二：用小剪刀左一刀、右一刀将其中的一条长边剪成一排锯齿形状，注意纸边的两个角不要剪掉。

步骤三：小心地依次打开纸张，铺平。

四、幼儿剪纸，教师观察并指导

指导要点：提醒幼儿先对折纸张再剪，注意不能将长条纸剪断，剪出一个个小三角形就好。

五、展示作品，互相欣赏评价

提问：你喜欢哪一幅水果篮？为什么？

【活动延伸】

区域活动：将材料投放到美工区，让幼儿继续剪果篮、花篮、水果火车等。

【幼儿作品】

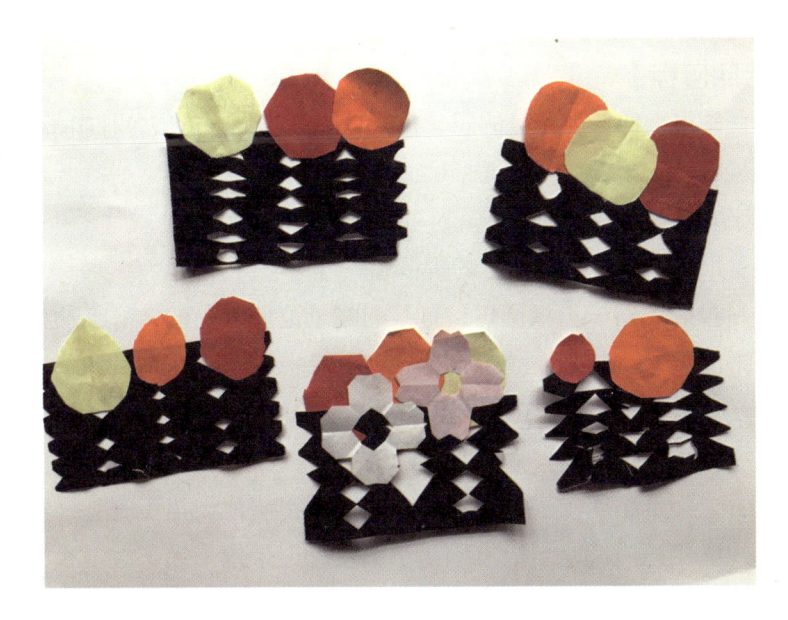

（设计：李静芳　指导：董双红）

帽子变变变（折纸）

【活动目标】

1. 理解图谱上的各种符号的意义，能看图谱按步骤折出各种帽子。
2. 体验折纸的乐趣。

【活动准备】

1. 经验准备：幼儿已有一定的折纸经验。
2. 材料投放：帽子折纸图谱，折好的帽子范例各一份，每个幼儿一张长方形的报纸。

【活动过程】

一、故事引题，激发幼儿折纸的兴趣

故事：老师带小朋友去春游啦！太阳公公正向他们招手呢。好热呀，小朋友都拿出太阳帽戴起来，只有阳阳小朋友忘记带帽子来了。怎么办呢？阳阳拿出一张报纸说："没关系，我会把它变成一顶帽子。"接着阳阳很熟练地折出了一顶帽子，戴在头上。小朋友们高兴地鼓起掌来："阳阳真神奇，用一张纸也能变出帽子！"

二、欣赏各种帽子的折纸作品，引导幼儿观察它们相似和不同之处

1. 教师一一出示太阳帽、陆军帽、护士帽、医生帽。
2. 引导幼儿观察比较帽子。

提问：这些帽子都是用什么纸折的？这些帽子有哪些地方是不一样的？

三、引导幼儿学习看折纸图谱上的各种符号

提问：折纸图谱上有哪些符号？看到这种符号我们要怎么折？

四、幼儿自选折纸图谱，看步骤图折纸，教师观察并指导

1. 引导幼儿看步骤图，尝试折出各种不同的帽子。
2. 提醒幼儿在折的过程中边角对整齐。
3. 在幼儿遇到困难时适当予以帮助。

五、欣赏作品，分享交流

幼儿戴上自己的帽子，相互欣赏，与同伴交流自己的帽子是怎么变出来的。

【活动延伸】

区域活动：

1. 表演区：幼儿戴着不同的帽子表演"神奇的帽子"舞蹈。

2. 角色区：将幼儿折出的各种帽子放到角色区开展游戏。

3. 美工区：增加辅助材料，如羽毛、毛根条、彩色纸、超轻泥、颜料等，引导幼儿大胆想象，将折好的帽子装饰出更多造型。

（设计：吴红珍　指导：游兆菁）

大班

泡沫创想（综合制作）

【活动目标】

1. 能与同伴合作用泡沫和辅助材料进行组合制作，表现某一主题或场景。
2. 体验综合运用不同手工材料制作作品的快乐。

【活动准备】

1. 经验准备：幼儿已有初步的将泡沫材料、光盘、瓶盖、废旧彩笔进行创想、拼摆的经验。

2. 材料投放：各种造型奇特的泡沫材料，瓶盖，旧光盘，塑料叉子，贝壳，水果网兜。

【活动过程】

一、欣赏前期幼儿制作的作品，引发幼儿回忆

1. 教师播放幼儿作品照片，回忆上次操作过程并欣赏同伴作品。
2. 请个别幼儿介绍自己的作品和创想。

二、介绍新材料，组织幼儿讨论本次活动的改进

提问：你觉得上次做的玩具有哪些地方还不够好？要怎么改呢？这次新增加了水果网兜，想想可以用它做什么？

三、幼儿自由结伴合作，用泡沫和辅助材料进行组合制作

1. 引导幼儿商量要制作的主题或场景。
2. 操作游戏过程中，提示幼儿利用自己选择的材料变换出不同的玩法。

四、作品欣赏，与同伴分享自己作品的创意

1. 请幼儿把作品放置在桌面上，相互欣赏，分享交流自己作品的名称与创意。

2. 每组请一位幼儿介绍自己作品的创意。

3. 同伴互评。

提问：你最喜欢哪一件作品，为什么？

【活动延伸】

区域活动：将材料投放在美工区，让幼儿继续与同伴合作制作，并适时投放新材料，不断推进幼儿的创作。

【幼儿作品】

海豚表演场

危险迷宫

两只天鹅在亲嘴

游乐场

坦克基地（我军和敌军）

灭火现场

（设计：林芳　指导：董双红）

纸袋变花衣（综合制作）

【活动目标】

1. 能自主选择材料并发挥想象，与家长合作制作纸袋衣。
2. 能结合纸袋的特点设计衣服款式，注意装饰的美感。
3. 增进亲子之间的感情，体验活动的乐趣。

【活动准备】

1. 知识准备：幼儿已有前期制作纸袋衣的经验。
2. 材料投放：幼儿前期作品若干；亲子自备的材料；"材料超市"，内有各种纸袋、蜡光纸、电光纸、泡沫纸、瓦楞纸、彩带、扭扭棒、半成品、剪刀、擦手布、胶水、透明胶、双面胶等；"时装秀"音乐。

【活动过程】

一、展示前期幼儿的作品，引导幼儿欣赏评价

1. 引导语：最近我们收集了许多纸袋，欣赏了纸袋上各种各样的色彩和图案。许多小朋友在家里已经和爸爸妈妈尝试用纸袋做衣服，我们一起来欣赏他们的作品吧。

2. 提问：哪件纸袋衣设计最巧妙？为什么？这件纸袋衣是什么款式？在什么位置装饰图案？纸袋衣上的装饰是否越多越漂亮？

3. 小结：小朋友可以利用纸袋上的色彩与花纹设计款式。要在合适的位置装饰才会变得更漂亮，不是装饰越多就越好看，要注意颜色和材料的搭配。

二、亲子共同讨论制作纸袋衣的方案，画出设计图并介绍

引导语：今天，我们把爸爸妈妈请来做你们的助手，一起制作一件漂亮的纸袋衣，现在先和爸爸妈妈一起讨论你们的设计方案，画出设计图。

1. 亲子讨论，画出设计图。
2. 幼儿介绍设计图。

三、介绍"材料超市"，并展示亲子收集的材料

请幼儿观察"材料超市"里各种各样的材料，和爸爸妈妈商量后，到"超市"里选择自己喜欢的材料，也可用自己带来的材料。

四、亲子共同装饰纸袋衣，教师观察并指导

指导重点：

1. 提醒家长尊重孩子的意愿，引导孩子自己动手制作，只有孩子需要时才给予帮助或建议。

2. 启发幼儿根据设计图，选择合适的纸袋进行制作。

五、播放音乐，幼儿穿上自制的纸袋衣进行"时装秀"，互相欣赏，体验成功的快乐

【活动延伸】

区域活动：

1. 表演区：将作品展示在表演区，让幼儿自由欣赏表演。

2. 美工区：将材料投放到美工区，让幼儿继续制作装饰纸袋衣。

（设计：王芬　指导：游兆菁）

装饰花轿（综合制作）

【活动目标】

1. 选择合适的材料装饰花轿，提高综合运用材料的能力。
2. 感受花轿的色彩美与图案美。
3. 体验与同伴合作创作的兴趣。

【活动准备】

1. 知识准备：幼儿已欣赏过轿子图片，并了解轿子的基本结构。
2. 材料投放：《老鼠嫁女》动画视频，教学课件，事先用纸箱、报纸卷棒做好的半成品简易轿子，"材料超市"中投放不同颜色的彩色卡纸、皱纹纸、蜡光纸、插塑花片、剪刀、胶水、双面胶等材料若干。

【活动过程】

一、播放《老鼠嫁女》视频片段，引发幼儿制作的兴趣

提问：鼠小弟是用什么来接新娘的？婚礼中的花轿美吗？

二、播放课件，引导幼儿回忆欣赏过的花轿，帮助幼儿梳理花轿的色彩美与图案装饰美

提问：花轿上的颜色是怎么搭配的？花轿上什么位置装饰了花纹？有哪些花纹？

三、介绍材料，讨论装饰方法

1. 幼儿参观"材料超市"。

引导语：老师用纸箱将花轿做好了，要请小朋友一起来装饰花轿。先来看看我们的"材料超市"里都有哪些材料吧。

2. 交流、讨论。

提问：你想用什么材料装饰花轿？怎么装饰？

3. 教师小结：我们可以用皱纹纸剪成流苏，装饰轿体的边缘；也可以用皱纹纸装饰帘子；用色卡纸、蜡光纸剪成花的纹样来装饰轿体，用蜡光纸折成扇子来装饰轿顶，用不同颜色的花片排列成花边装饰。我们刚才欣赏了那么多漂亮的花轿，请小朋友发挥想像，选择自己喜欢的材料来装饰一顶漂亮的轿子吧。

四、提出合作制作要求

引导语：我们今天分两组进行装饰，每组装饰一顶轿子。由组长带领组员分工，商量选择材料进行制作。

五、幼儿分组制作，教师观察并指导

指导要点：

1. 指导幼儿分工合作。

2. 启发幼儿合理运用材料，注意装饰的美感。

六、作品欣赏与评价，重点引导幼儿从材料的运用、色彩的搭配、图案的设计等方面进行评价

提问：小朋友用哪些材料装饰花轿？你最喜欢哪个花轿的花纹？哪些颜色搭配得很漂亮？

【活动延伸】

区域活动：将装饰好的轿子投放在表演区，并为幼儿准备故事《老鼠嫁女》的服装和道具，让幼儿根据故事情节进行表演。

（设计：翁娜　指导：董双红）

榕树（剪纸）

【活动目标】

1. 欣赏福州的市树——榕树，感受榕树的造型美。
2. 能用对称镂空的剪纸方法表现榕树，体验剪纸的乐趣。
3. 萌发对家乡的热爱之情。

【活动准备】

1. 经验准备：请家长周末带孩子参观森林公园的榕树王，观察其主要的外形特征；请家长与孩子一同上网收集有关榕树的故事。

2. 材料投放：多媒体设备、榕树图片PPT、背景音乐古筝《梦里水乡》，正方形绿色蜡光纸若干、剪刀、胶水、铅笔等。

【活动过程】

一、播放课件，引导幼儿欣赏榕树，感受榕树的造型美

1. 提问：福州简称什么？榕树的树冠长得怎样，像什么？榕树的树干是什么样的？树枝上的气根像什么？

2. 小结：福州生长着许多榕树，有的榕树有1000多年了，榕树是福州的市树，所以福州又称为"榕城"。榕树的树冠枝叶茂密，像一把撑开的巨大的伞，也像一片绿色的云，很美！榕树的树枝上长着很多气根，像榕树爷爷的胡须，风吹过来的时候，飘飘荡荡的，特别好看。

二、教师示范讲解剪榕树的步骤

步骤一：将正方形纸左右对称折，以折边为中心线，用笔画出半棵榕树。

步骤二：用剪刀沿着画好的榕树边缘线剪，注意树干和树冠的连接线，树干和气根的连接线不能剪。

步骤三：将榕树的轮廓线剪好后，在榕树的树冠上下左右对折出一个直角，在直角两条边各剪一条弧线，打开纸，树冠上便镂空出四片小树叶。用同样的方法可以在树冠的其他位置也剪出相同的树叶。

三、播放背景音乐，幼儿剪纸，教师观察并指导

指导要点：

1. 提醒幼儿找准中心线，再画榕树。

2. 提醒幼儿注意树干和树冠的连接线、树干和气根的连接线不能剪。

3. 鼓励幼儿用不同的对折镂空方法剪出不同形状的树叶。

四、展示作品，相互欣赏评价，交流剪纸经验

提问：你最喜欢哪一棵榕树，它哪里美？在剪纸中你遇到了哪些问题，是如何解决的？

【活动延伸】

区域活动：将材料投放到美工区，让幼儿继续尝试多种镂空树叶的方法。

（设计：李静芳　指导：董双红）

纸袋窗花（剪纸）

【活动目标】

1. 尝试用剪纸窗花装饰纸袋，感受图案大小、疏密、上下错落的构图美。
2. 体验用剪纸装饰纸袋的乐趣。

【活动准备】

1. 经验准备：幼儿已有剪窗花的经验。
2. 材料投放：范例若干，黑红两色、大小不同的正方形蜡光纸若干，排笔、胶水、白色的纸袋若干。

【活动过程】

一、欣赏范例，感受窗花装饰纸袋的色彩美与构图美

提问：这些纸袋是用什么装饰的？有哪些颜色的窗花？黑色、红色的窗花装饰在白色的纸袋上，看起来感觉怎么样？这些窗花装饰在纸袋的什么位置？大小、不同颜色的窗花怎样组合？

二、引导幼儿回忆前期剪纸经验，示范讲解新的剪法

1. 教师提问，引发幼儿回忆剪纸经验。

提问：剪窗花前要把纸张对折几次？怎么折？先剪哪里？再剪哪里？可以镂空哪些形状？

2. 教师讲解示范剪有花瓣边缘的窗花。

讲解语：为了让剪出来的窗花更漂亮，在剪扇形纸边沿时，可以把它剪成各种花瓣的形状，打开纸张时，就可以看到周围有一圈花瓣的窗花。

三、引导幼儿讨论装饰纸袋粘贴构图要点

提问：不同大小、不同颜色的窗花怎样搭配才好看？

四、幼儿剪窗花，合作装饰纸袋，教师观察指导

指导要点：

1. 提醒幼儿剪好窗花后，先在纸袋上摆一摆，觉得满意了再粘贴。
2. 鼓励幼儿大胆剪贴，与同伴协商配色、构图。

五、展示作品，欣赏评价

提问：你觉得哪一个纸袋最漂亮？为什么？

【活动延伸】

1. 区域活动：将材料投放到美工区，让幼儿继续剪窗花装饰纸袋。
2. 环境布置：将幼儿装饰的纸袋布置在活动室。

（设计：李静芳 指导：董双红）

靴子变变变（剪纸）

【活动目标】

1. 能用镂空的方法剪靴子，并借形想象，表现多种物体。
2. 发展想象力，体验借形想象剪纸的乐趣。

【活动准备】

1. 经验准备：幼儿已有相关的剪纸经验。
2. 材料投放：范例若干，剪成靴子形状的纸一张，长方形红色、黑色、白色自粘纸若干，白色长条幅纸一张，剪刀、铅笔等。

【活动过程】

一、出示剪成靴子形状的纸，激趣引题

提问：这是什么？靴子像什么？

二、出示范例，引导幼儿欣赏，启发幼儿想象

提问：靴子形状的纸张经过剪纸镂空变成了什么？这些作品镂空了什么图案，在什么位置镂空？你想把靴子变成什么？

三、教师示范讲解借靴子之形想象剪纸的步骤

步骤一：先在纸上画出靴子的轮廓，然后剪下来。

步骤二：把剪好的靴子形状的纸张上下左右转动，看一看、想一想像什么。

步骤三：用对折剪的方法镂空出图案，剪成自己想象的物体。

步骤四：可在靴子的外形上用剪下的边角料黑白红色彩组合、叠加，粘贴出各种图案。

四、幼儿借形想象创作，教师观察指导

指导要点：

1. 提醒幼儿靴子轮廓要画大一些。
2. 鼓励幼儿大胆想象，镂空剪出各种物体。
3. 提醒幼儿将剪好的作品粘贴在纸张上合适的位置。

五、相互欣赏评价同伴的剪纸作品

提问：小朋友们把靴子都变成了什么？请你向大家介绍一下，你把靴子变成了什么。

【活动延伸】
1. 区域活动：将材料投放到美工区，让幼儿继续进行借形想象剪纸创作。
2. 环境创设：用幼儿的作品布置班级教室或幼儿园环境。

（设计：李静芳　指导：董双红）

青花瓷瓶（剪纸）

【活动目标】

1. 感受青花瓷瓶的造型美和图案美。

2. 能用对折镂空的剪纸方法表现青花瓷瓶的造型和纹样，体验剪纸创作的快乐。

【活动准备】

1. 经验准备：幼儿已初步掌握对折镂空的剪纸方法；已欣赏过青花瓷瓶。

2. 材料投放：教学课件；造型花纹不同的青花瓷瓶若干件；深蓝色、湖蓝色、白色蜡光纸若干，剪刀、胶水、棉签、铅笔等；用于展示幼儿剪纸作品的背景画框一幅。

【活动过程】

一、出示青花瓷花瓶，引导幼儿欣赏其不同的造型

提问：这些青花瓷瓶的造型有什么不同？花瓶的瓶口、瓶颈、瓶身、瓶底是什么样的？

二、播放课件，引导幼儿欣赏感受青花瓷瓶纹样的美

提问：青花瓷瓶上有哪些漂亮的花纹，像什么？青花瓷瓶蓝色与白色的搭配给你什么样的感觉？

小结：青花瓷瓶上的图案主要有云纹、龙纹、如意纹、莲花、牡丹等传统纹样，颜色以蓝白为主，给人以古色古香、清新淡雅的感觉。

三、出示剪纸范例，与幼儿探讨青花瓷瓶的剪纸方法

提问：这些青花瓷瓶是用什么方法剪出来的？哪些花纹是左右对折剪？哪些花纹是上下对折剪？哪些花纹是二方连续剪？

四、教师示范讲解青花瓷瓶及纹样的剪纸步骤

步骤一：先将纸张对折，用铅笔画出花瓶的轮廓，用剪刀剪出花瓶的外形。

步骤二：在瓶口、瓶颈、瓶身这些地方设计花纹，并用铅笔画好。

步骤三：用左右、上下或二方连续对折剪的方法剪出漂亮的花纹。

步骤四：将剪好的青花瓷瓶贴在白色背景画框上。

五、幼儿剪纸，教师观察并指导

指导要点：

1. 鼓励幼儿大胆设计花瓶的造型。

2. 鼓励能力强的幼儿尝试剪出传统纹样。

六、展示剪纸作品，引导幼儿欣赏评价，交流剪纸经验

提问：你最喜欢哪一个青花瓷瓶？它美在哪里？你在剪纸中遇到了哪些问题？是如何解决的？

【活动延伸】

1. 区域活动：将材料投放到美工区，让幼儿继续尝试剪各种造型与图案的青花瓷瓶。

2. 环境创设：用幼儿的作品布置班级教室或幼儿园环境。

（设计：李静芳　指导：董双红）

水榭戏台（剪纸）

【活动目标】

1. 感受福州三坊七巷的水榭戏台的建筑美。
2. 能用对称剪纸镂空方法表现水榭戏台，体验剪纸的乐趣。

【活动准备】

1. 经验准备：幼儿参观过三坊七巷，对三坊七巷的建筑有基本的了解；丰富幼儿相关剪纸知识，已能用剪纸镂空的方法表现三坊七巷中的马鞍墙、郎官巷等建筑。

2. 材料投放：教学课件，背景音乐古筝《梦里水乡》，正方形红色蜡光纸若干；剪刀、胶水、铅笔等。

【活动过程】

一、播放课件，引导幼儿欣赏福州三坊七巷的水榭戏台，感受水榭戏台的建筑美

1. 提问：三坊七巷的水榭戏台是什么样的？它的屋顶上弯弯的翘角像什么？横梁上的悬钟是什么样的？栏杆上的柱子头部是什么形状的？

2. 小结：福州三坊七巷的水榭戏台是古老的建筑，它是左右对称的造型，屋顶上弯弯的翘角像一对张开的翅膀，横梁上的悬钟是牡丹花形状的，栏杆上的柱子头部是荷花形状的，雕刻得特别精致美观。

二、教师示范讲解水榭戏台的剪纸步骤

步骤一：将纸张对折，用笔画出半个水榭戏台造型。

步骤二：剪外轮廓，然后镂空横梁和柱子。

步骤三：用排剪的方法剪栏杆和屋顶的花纹。

三、幼儿剪纸，教师观察指导

指导要点：

1. 启发幼儿画出水榭戏台的基本结构。
2. 提醒幼儿镂空剪时要保留上下的部分，使其不剪断。

四、相互欣赏评价同伴的剪纸作品

提问：你最喜欢哪一幅剪纸作品？为什么？

【活动延伸】

区域活动：将材料投放于美工区，让幼儿继续尝试剪三坊七巷的各个牌坊造型，创作剪纸长幅作品《古香古色的三坊七巷》。

【幼儿作品】

（设计：李静芳　指导：董双红）

面具（剪纸）

【活动目标】

1. 欣赏脸谱面具的图案美与色彩美，能用剪纸镂空的方法制作面具，并用水粉颜料装饰面具。

2. 感受剪纸与水粉画相结合所创作的作品的美感。

【活动准备】

1. 经验准备：幼儿已有剪纸镂空的经验。

2. 材料准备：A4复印纸若干，红色、黑色颜料，京剧脸谱面具若干，范例3个。

【活动过程】

一、出示京剧脸谱面具，引导幼儿欣赏脸谱面具的图案美与色彩美

提问：京剧脸谱面具上有哪些颜色？都用了哪些图案装饰？

二、出示几幅作品，引导幼儿讨论面具的制作方法

提问：这些面具是怎么做出来的？面具上的眼睛、鼻子、眉毛、嘴巴镂空成哪些形状？面具上的图案色彩是怎么搭配的？

三、教师示范讲解面具的制作要点

讲解语：纸张对折后，先用笔画出半张脸的轮廓与各种形状的五官，再用剪刀剪出。

四、幼儿剪纸并装饰，教师观察指导

1. 鼓励幼儿大胆设计不同形状的面具，可以选择对称或不对称的构图方法表现面部特征。

2. 指导幼儿用黑色和红色水粉颜料搭配，画出各种图案装饰面具。

五、展示幼儿作品，相互欣赏、评价

提问：你喜欢哪个面具？它美在哪里？

【活动延伸】

1. 区域活动：将材料投放于美工区，让幼儿继续剪纸创作不同纹样和造型的面具。

2. 环境创设：用幼儿的作品布置班级活动室。

【幼儿作品】

(设计：李静芳　指导：董双红)

一瓶花（撕贴）

【活动目标】

1. 能用各色蜡光纸撕贴一瓶花的造型，感受撕贴画独特的美感。
2. 能较熟练地撕出需要的纸片形状，大胆配色、构图、粘贴。
3. 体验撕贴画的乐趣。

【活动准备】

1. 经验准备：幼儿已有撕纸的经验。
2. 材料投放：实物花瓶若干，范例若干，各色蜡光纸若干，棉签、胶水、黑色卡纸、浅色油画棒。

【活动过程】

一、欣赏插有不同形状、不同色彩花朵的花瓶，感受花瓶的美

提问：你看到了哪些颜色的花？这些花的花瓣是什么形状的？有哪些形状的花瓶？这些花怎样插才漂亮？

二、欣赏范例，激发幼儿撕贴画的愿望

引导语：以前我们都是用画笔来画一瓶花，今天，我们不用画笔也能画出一瓶花，你们看看老师是用什么方法。

三、示范讲解撕贴画的方法与步骤

步骤一：用浅色油画棒在黑色卡纸上勾画出花瓶的轮廓。

步骤二：用棉签蘸胶水涂在花瓶的一个部位，选自己喜欢的颜色的蜡光纸，边撕边贴。可利用色彩搭配出各种花纹或图案。

步骤三：撕出花朵、叶子与枝条，在花瓶上摆好造型后再粘贴。

四、幼儿撕贴，教师观察指导

指导要点：

1. 提醒幼儿撕纸时双手要配合好，纸片不要撕太大。
2. 贴的时候注意色彩搭配和花朵的构图。

五、展示作品，欣赏评价

提问：你觉得哪一瓶花最漂亮？为什么？

【活动延伸】

1. 区域活动：将材料投放到美工区，让幼儿继续撕贴各种物品。
2. 环境布置：用幼儿的作品布置活动室。

【幼儿作品】

（设计：董双红　指导：游兆菁）

会动的小纸人（折纸）

【活动目标】

1. 能按折纸步骤图折出衣服、裤子，并组合成会动的小纸人。
2. 巩固正方形四个角向中心折的方法，体验折纸的乐趣。

【活动准备】

1. 经验准备：幼儿已有四个角向中心折的经验。
2. 材料准备：迈克·杰克逊的舞蹈视频，范例一个，正方形纸每人两张，折纸步骤图，制作小脸谱用的方形卡纸，胶水，水彩笔，订书机等。

【活动过程】

一、播放迈克·杰克逊的舞蹈视频，让幼儿欣赏，感受舞蹈的动感美

提问：看了这段舞蹈你有什么感觉？

二、播放音乐，教师演示小纸人的舞蹈表演，激发幼儿折纸兴趣

引导语：老师这儿也有一个会跳舞的小纸人，一起来欣赏它的舞蹈吧。（教师摆动小纸人的头部、腰部，让小纸人跟着音乐的节奏动起来）

三、引导幼儿看步骤图，教师示范讲解难点步骤

1. 边引导幼儿看步骤图边示范折衣服。
2. 示范讲解把衣服变成裤子的步骤。

步骤一：折好衣服后，拉开两个袖子，翻过来就变成了一条裤子。

步骤二：将两个尖尖小裤脚向上折，就变成了小纸人的脚。

步骤三：把折好的衣服、裤子组合，用订书钉连接在一起，做成小纸人的身体。

步骤四：在圆形卡纸上添画小纸人头部，剪下来贴在做好的身体上。

四、幼儿看步骤图折纸，教师观察指导

指导要点：

1. 提醒幼儿注意每个角对齐抹平，四角向中心折，共折三次，四个三角形要大小均匀，边角不重叠。
2. 提醒幼儿组合时注意订书钉要竖着上下衔接，保证头和腰部的活动，不要横着订。

五、展示作品，互相欣赏

1. 幼儿与同伴相互欣赏小纸人。
2. 播放音乐，让幼儿操作小纸人随节奏跳舞。

【活动延伸】

区域活动：

1. 美工区：将材料投放到美工区，引导幼儿创作出更多的人物形象。
2. 表演区：将小纸人投放到表演区，让幼儿进行桌面表演游戏。

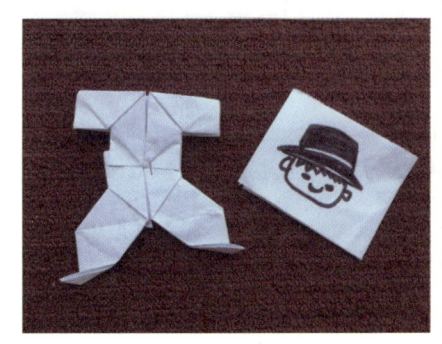

【幼儿作品】

（设计：李静芳　指导：董双红）

古香古色的三坊七巷（剪贴画）

【活动目标】

1. 尝试用剪贴画创作表现福州三坊七巷各种房屋、坊巷的造型，感受古建筑的美，萌发对家乡本土文化的热爱之情。

2. 能自主选择、合理运用剪贴材料，表现古建筑的装饰艺术特色。

3. 能与同伴分工合作，共同完成大幅画卷，提高协作能力。

【活动准备】

1. 经验准备：

（1）丰富三坊七巷的相关知识。组织幼儿参观南后街三坊七巷，观察其主要的建筑特色（如马鞍墙）、装饰图案等。请家长与孩子一同上网收集、了解有关三坊七巷的故事。

（2）幼儿写生三坊七巷各种建筑与木雕等图案。

（3）初步掌握用剪纸方法表现房屋、巷和坊等。

2. 材料准备：三坊七巷各建筑与幼儿作品的课件，背景音乐古筝曲《琵琶语》，背景图、各小组的标志牌，教师与幼儿一起收集的纸袋、瓦楞纸、色卡纸若干张、剪刀、泡沫双面胶、棉签、铅笔、回形针等。

3. 情境创设：将幼儿前期的三坊七巷绘画、剪纸作品布置成展板。

【活动过程】

一、回顾前期的相关活动，欣赏三坊七巷的建筑及幼儿的绘画剪纸作品

1. 谈话引题。

提问：在全国十大历史文化名街的评选中，哪一条街获得了最高的投票？为什么三坊七巷能获得第一名？有哪些名人曾经住在三坊七巷？

2. 播放课件，欣赏三坊七巷的主要建筑。

引导语：三坊七巷不仅名人多，还保留了许多美丽的古建筑，我们都去参观过了，还拍了许多照片，我们一起来看看吧！

3. 幼儿自由欣赏布置在展板上的作品。

引导语：参观了三坊七巷之后，小朋友们还用写生、线描画、剪纸的方法来表现自己认为最美的古建筑，老师把你们的作品都展示出来了，我们一起来欣赏吧！

二、引导幼儿用剪贴画表现三坊七巷建筑

1. 激发幼儿用剪贴画表现三坊七巷的愿望。

提问：三坊七巷的每一座建筑都很美，小朋友除了用写生、线描画、剪纸的方法来表现，还可以用什么方法表现呢？（剪贴画）

2. 出示背景图长卷，引导幼儿观察教师范例，提出剪贴画创作的任务。

提问：老师已经剪好什么建筑贴在长卷里了？（南后街大门，风雨廊）这两个建筑是用什么材料来做的？（瓦楞纸、购物纸袋）用瓦楞纸剪贴屋顶看起来怎样？

引导语：我们一起把整条街的建筑都剪出来，贴在长卷里，组成一幅三坊七巷的美丽画卷吧！

3. 启发幼儿选择合适的材料剪贴，表现三坊七巷的古朴之美。

提问：屋顶除了用瓦楞纸剪，还可以用什么办法表现立体感呢？购物纸袋上有不同的花纹，我们要怎么利用呢？

4. 与幼儿讨论长卷的构图。

师：我们剪好的作品要怎样贴在长卷上才好看呢？

小结：不要把作品贴在背景图的边框上。贴的时候要看看别的小朋友的作品，注意疏密结合，有高有低，有前有后，可用遮挡法贴。

三、介绍组别，提出活动要求

1. 介绍各小组任务。

引导语：今天我们用剪贴画方法表现三坊七巷里的各种建筑，分成三组，第一组剪巷子和坊的大门，第二组剪水榭戏台，第三组剪马鞍墙和各种木屋。

2. 提出活动的要求。

选：按桌上的提示牌，幼儿自主选择小组和相应的材料，座位满了就选另一组。

剪：选好纸张后再剪，尽量充分利用每一张纸，不浪费。

贴：用遮挡法粘贴时，前面的建筑可以用泡沫胶垫高，使画面更有立体感。

四、幼儿自选组别创作，教师指导（播放背景音乐）

1. 教师重点指导幼儿选用合适的纸张剪贴古建筑，表现立体感与细节。

2.提示幼儿粘贴作品时注意贴在合适的位置，疏密结合。

五、师幼共同欣赏作品

1.幼儿与同伴互相交流，说说自己都剪了什么，感觉怎样。

2.说说自己最喜欢哪一件作品，它美在哪里。

【活动延伸】

区域活动：将材料投放至美工区，让幼儿继续创作。引导幼儿以多种美术表现形式创作三坊七巷，如粉印版画、纸板拓印、泥塑等。

【幼儿作品】

（设计：董双红　指导：游兆菁）

第七章　幼儿园美术欣赏活动案例

小班

菊花朵朵开（欣赏）

【设计意图】

花儿是幼儿在生活中常见的，也是孩子们喜欢的。每年秋天，幼儿园附近的西湖公园里都举办菊花展览。不同品种的菊花竞相开放：有的菊花花瓣呈放射线展开，有的花瓣卷曲，有的像个绒球，有的如精巧的酒杯……千姿百态，赏心悦目。许多幼儿在周末和家长一起观赏了菊花，还拍摄了很多菊花照片。教师抓住这个契机，引导幼儿欣赏菊花的美，同时也让幼儿感受大自然的勃勃生机。

【活动目标】

1. 感受菊花的形状、色彩、花瓣造型的美。
2. 大胆想象，尝试用剪贴画的方法表现菊花的美。

【活动准备】

1. 经验准备：请家长利用周末，带幼儿到西湖公园观赏菊花，引导幼儿观察菊花的颜色、形状等。
2. 材料准备：菊花课件，水粉颜料、棉签、抹布，花园背景图。
3. 情境创设：布置菊花盆景，将幼儿带来的菊花照片布置在活动室四周。

【活动过程】

一、幼儿自由欣赏活动室内展示的菊花盆景，感受不同菊花的美

二、教师播放课件，引导幼儿欣赏不同品种菊花的美

1. 引导幼儿欣赏菊花的色彩美。

提问：你看到了哪些颜色的菊花？

2. 引导幼儿欣赏菊花的形态美，启发幼儿根据花瓣、花朵的形状进行联想。

提问：菊花的花瓣是什么样的？像什么？

小结：菊花的色彩五颜六色，有黄的、红的、白的、粉红的、金黄的，还有绿色的，它的花瓣各种各样，有的像细细的面条，有的像妈妈的卷发，有的像个小球，还有的像个小太阳，真是漂亮极了！

三、棉签画"美丽的菊花"，引导幼儿大胆想象并表现菊花的美

1. 出示"小花园"背景图，激发幼儿活动的兴趣。

2. 示范讲解棉签画的方法与要求。

3. 幼儿用棉签画菊花，并装饰在"小花园"背景图上。

四、幼儿分享与评价活动，再次感受菊花的美

提问：让幼儿说说自己喜欢哪一朵菊花，它哪里很美。

【活动延伸】

1. 区域活动：将材料投放到美工区，让幼儿继续创作。

1. 家园共育：请家长利用周末，带幼儿到户外寻找秋天的美，如树叶变黄、各种菊花盛开、西湖的残荷等。

【幼儿作品】

（设计：李静芳　指导：董双红）

美丽的焰火（欣赏）

【设计意图】

下学期伊始，适逢元宵节刚过不久，幼儿对焰火的印象还记忆犹新，借着这个契机，我们拟引导幼儿欣赏绚烂多姿的焰火，激发审美想象，感受生活中处处都有美。

【活动目标】

1. 欣赏焰火的色彩美和造型美，大胆想象并表达自己的感受。

2. 能自主选择喜欢的颜色，尝试用塑料软瓶进行创作，体验自由创作的快乐。

【活动准备】

1. 经验准备：幼儿已经初步了解焰火的相关知识。

2. 材料投放：焰火的录像及课件，罩衣每人一件，塑料软瓶若干、颜料、调色盘、擦手布、旧报纸、黑色卡纸等。

【活动过程】

一、播放录像，引导幼儿欣赏焰火的动态美

1. 播放录像，欣赏焰火在空中绽放的动态美。

提问：刚才看到的是什么？你们看到焰火觉得怎么样？

2. 引导幼儿相互交流自己的感受。

引导语：请你和身边的小朋友说说，刚才看到了什么样的焰火。

二、逐幅播放课件，引导幼儿欣赏焰火的静态美

提问：焰火在空中绽放时像什么？有哪些颜色？你喜欢哪一朵焰火？

小结：焰火真美！在空中绽放时，有的像瀑布，有的像孔雀开屏，有的像毛绒绒的蒲公英，有的像金灿灿的菊花，有的还像流星雨，五颜六色，十分漂亮。

三、介绍材料，示范讲解制作的方法与要求

1. 出示操作材料，介绍名称及用法。

2. 教师讲解演示用塑料软瓶画焰火的方法。

讲解语：先拿一个塑料软瓶，在装有水粉颜料的盘子里吸一些水粉，把尖的一头对准黑色卡纸，用手指挤压瓶身。可以用点、滴、洒、喷、画的动作，也可以站起来，将塑料软瓶举高一点挤，变出的焰火会更漂亮。

3. 提出操作要求：

（1）将塑料瓶口对准纸面再挤，不要将颜料挤到同伴的脸上、衣服上或地板上。

（2）一次只能选择一种颜色，将塑料瓶挤空后，可以选择另一种颜色画焰火，也可以直接用塑料瓶在卡纸上颜料多的地方画出焰火的造型。

四、幼儿创作，教师观察并指导

指导要点：

1. 鼓励幼儿选择不同颜色的颜料，大胆创作不同造型和颜色的焰火。

2. 提醒幼儿不要将颜料喷到自己和同伴的身上。

五、幼儿欣赏作品，分享与评价

1. 欣赏同伴的作品。

提问：说说自己最喜欢哪一幅作品，美在哪里。

2. 教师对幼儿作品存在的问题进行评价。

【活动延伸】

1. 区域活动：将塑料软瓶与颜料投放至美工区，让幼儿继续创作焰火。

2. 环境创设：用幼儿创作的作品布置班级教室环境，让幼儿体验创作的成就感。

（设计：李静芳　指导：董双红）

漂亮的袜子（欣赏）

【设计意图】

袜子是小班幼儿十分熟悉的物品，每天穿穿脱脱。如今的袜子色彩款式多种多样，尤其是孩子们的袜子造型可爱，如糖果袜、花边袜、立体动物袜等等。选择袜子作为欣赏内容，旨在挖掘其审美元素，引导小班幼儿发现生活中的美。

【活动目标】

1. 初步感受袜子的色彩、图案和款式的美，能大胆表达对袜子美的感受。
2. 能大胆尝试用自己喜欢的绘画方法装饰袜子。

【活动准备】

1. 经验准备：幼儿在生活中对袜子的色彩、图案已有初步认识。
2. 材料投放：

（1）多媒体设备，袜子PPT，背景音乐《秋日私语》。

（2）剪好的色卡纸袜子若干，红、黄、蓝、紫、绿、白色水粉颜料，不同形状的印章、油画棒、水彩笔、棉签若干，罩衣若干。

3. 情境创设：在活动室创设袜子商店，请每位幼儿从家里带一双自己觉得最美的小袜子，摆放到袜子商店里。

【活动过程】

一、自由欣赏袜子商店里各种各样的袜子，初步感受袜子的美

1. 幼儿自由欣赏与交流。
2. 请幼儿选一双自己最喜欢的袜子，进行集体交流。

提问：你为什么喜欢这双袜子？它美在哪里？

二、播放课件，欣赏袜子的色彩、图案和款式，进一步感受袜子的美

引导语：今天我带来了许多漂亮袜子的图片，我们一起来欣赏吧！仔细看看还有哪些漂亮的小袜子。

1. 逐一播放课件，引导幼儿观察袜子的色彩、图案。

提问：你喜欢哪一双袜子，它是什么颜色的，有什么图案？

2. 重点欣赏几双有特色的袜子，激发幼儿想象。

（1）彩虹袜——重点引导幼儿欣赏色彩美。

提问：你觉得这双袜子美吗？它的颜色是怎么搭配的？

（2）黑白相间袜——重点引导幼儿欣赏黑白图案。

提问：袜子上的图案像什么？

（3）立体动物袜、花边袜——重点引导幼儿欣赏款式。

提问：这些袜子像什么？穿着会有什么感觉呢？

三、装饰活动，引导幼儿表现袜子的美

1. 出示剪成袜子形状的色卡纸，激发幼儿创作的愿望。

引导语：你们看，这里有许多不同颜色的小袜子，如果能装饰上漂亮的图案，那就更美了。

2. 提出操作要求：

（1）挑选一只袜子，选择自己喜欢的方式装饰袜子，可用印章画装饰，也可用水彩笔、油画棒、水粉画上自己喜欢的线条与图案。

（2）印章使用后放在盘中，保持桌面和衣服的清洁。

3. 幼儿装饰袜子，教师观察并指导。

指导要点：鼓励幼儿大胆选择不同的方法进行装饰。

四、幼儿相互欣赏作品，分享评价

1. 欣赏同伴的作品。

提问：你最喜欢哪一只小袜子，它哪里美？

2. 教师对幼儿作品进行评价。

【活动延伸】

1. 区域活动：

（1）角色区：将不同色彩、不同款式的袜子投放到商店中供幼儿开展游戏。

（2）美工区：制作袜子小精灵。玩法：挑选一只袜子，套在矿泉水瓶子上。挑选两只眼睛一个嘴巴，取掉背后的双面胶贴纸，粘贴在瓶身上，变成袜子小精灵。

（3）益智区："袜子找朋友"，让幼儿按照袜子的色彩图案进行配对。

2. 环境布置：活动后用幼儿作品布置活动室。

【幼儿作品】

（设计：李静芳　指导：董双红）

彩色的世界（欣赏）

【设计意图】

在自然界和我们的生活中到处都充满了色彩，小班幼儿对色彩有初步的感受，但对色彩的认识还停留于几种标准色。为了让幼儿感受色彩的多样性，教师以游戏的形式，引导幼儿动手操作、感知体验各种色彩的美，打破美术欣赏活动以对话法为主的模式，尝试适合小班幼儿的新模式。

【活动目标】

1. 感受各种色彩的美，能对不同的色彩进行自由想象。
2. 能大胆表达自己对色彩美的感受。

【活动准备】

1. 经验准备：幼儿已认识几种标准色。
2. 材料投放：各色蜡光纸、彩色的透明圆片、彩色小纸片若干，磁带等。
3. 情境创设：将各种颜色的蜡光纸垂挂在活动室的四周，将由蜡光纸制成的风车、各种挂饰，悬挂在吊顶、走廊上、柱子上，营造一个彩色的世界。

【活动过程】

一、"雪花找家"游戏，引导幼儿感受各种色彩的美

1. 教师播放舒缓、优美的乐曲《雪绒花》。
2. 幼儿扮演小雪花飞进彩色世界。
3. 引导幼儿自由感受色彩并表达，如说出各种颜色的名称。引导幼儿每到一种颜色的跟前说"飞呦，飞呦，小雪花变成了××颜色了"。
4. 教师将各种颜色的小纸片，像雪花一样撒落在地上，引导幼儿帮助各种颜色的小雪花找到与之颜色相同的家。

二、"多彩的颜色"观察活动，引导幼儿观察周围物体色彩的变化并自由想象

玩法：让幼儿分别选两片相同颜色的透明圆片放在眼前，看看周围的物体所发生的色彩变化，并启发幼儿自由想象。

提问：你看周围变成了什么颜色？好像来到了什么地方？

三、"颜色魔术师"游戏，感知颜色的变化并自由想象

玩法：让幼儿任选两片不同颜色的透明圆片重叠在一起后，放到眼前看看周围的物体所发生的色彩变化。

提问：你把什么颜色和什么颜色的圆片叠在了一起？变成了什么颜色？看到这种颜色你想到了什么？你的心情变得怎么样？

【活动延伸】

区域活动：在美工区开展染色游戏，请幼儿将棉纸折成自己喜欢的形状，第一次将棉纸浸入调好的颜料中，观察棉纸的变化；第二次将棉纸分别浸入两种颜色，观察棉纸的色彩变化。

（设计：李静芳　指导：董双红）

中班

美丽的剪纸（欣赏）

【设计意图】

随着幼儿生活经验的丰富与审美能力的提高，在欣赏生活中的美的基础上，教师可引导幼儿欣赏民间传统艺术品。剪纸是常见的民间传统艺术，材料易于收集，幼儿又能动手操作，很适合作为幼儿园美术欣赏活动的素材。

【活动目标】

1. 了解剪纸是中国特有的民间艺术，萌发对民间艺术的喜爱之情。
2. 感受并欣赏剪纸作品的线条、构图与造型的美。

【活动准备】

1. 经验准备：幼儿与家长一起收集各类剪纸作品，初步了解剪纸作品的特点。
2. 材料投放：剪纸欣赏课件，大幅剪纸作品五张，剪纸挂饰、剪纸台历、蜡光纸每人一张，各种形状的纸、抹布、剪刀、白乳胶等。
3. 情境创设：教师用幼儿收集的各类剪纸作品布置活动室。

【活动过程】

一、幼儿自由欣赏活动室四周的剪纸作品，并与同伴交流

引导语：小朋友收集了各种各样的剪纸作品，我们一起来欣赏吧。可以和同伴说说你最喜欢哪一幅。

二、运用课件与剪纸作品，引导幼儿进一步欣赏剪纸作品的美

1. 欣赏图案为中心向外扩散的一组剪纸作品。

提问：这几幅剪纸作品上有哪些图案？这些剪纸作品图案、花纹是怎么排列的？

2.欣赏图案为二方连续或四方连续的一组剪纸作品。

提问：这几幅剪纸作品上有哪些图案？猜猜这些图案、花纹是怎么剪出来的？

3.欣赏以人物、山水、动物为题材的一组剪纸作品。

提问：你喜欢哪一幅剪纸作品？你觉得它美在哪里？这些图案和我们平时看到的东西有什么不同？

三、幼儿观看民间剪纸艺人进行剪纸创作的视频，了解剪纸是中国特有的民间艺术

四、幼儿剪纸活动，初步尝试用剪纸进行创作表现

1.教师示范讲解剪纸的步骤。

2.幼儿动手折剪简单的形状与图案，并将作品粘贴在各种形状的彩色纸上。

五、欣赏评价作品，体验剪纸创作的快乐

【活动延伸】

区域活动：

1.美工区：投放剪纸材料，让幼儿在区域活动中继续尝试剪纸创作。

2.欣赏区：将收集到的剪纸作品投放至欣赏区，让幼儿继续欣赏。

（设计：李静芳　指导：董双红）

星月夜（欣赏）

【设计意图】

《星月夜》是后印象主义画家梵高的作品。这幅油画中的主色调蓝色代表不开心、阴沉的感觉，很粗的笔触代表忧愁。画中的柏树画得像黑色火舌一般，直上云端，令人有不安之感。这种高度夸张变形和强烈视觉对比体现出了画家躁动不安的情感和迷幻的意象世界。引导幼儿欣赏这幅名画，旨在让幼儿了解可以通过绘画表达自己的内心情感，宣泄自己的不良情绪。

【活动目标】

1.欣赏名画《星月夜》的艺术表现特点，感受画面中的笔触、色彩、形象，尝试理解作品所表达的情感。

2.尝试模仿大师的风格进行创作，表达自己的情感。

【活动准备】

1.经验准备：幼儿在生活中有对星星、月亮的认识。

2.材料投放：名画欣赏课件，水粉颜料、油画棒、纸、笔等绘画工具。

【活动过程】

一、出示画家梵高的《自画像》，以讲故事的方式简单介绍画家的生平

梵高《星月夜》

二、播放《星月夜》作品的课件，引导幼儿欣赏作品的艺术表现特点

1. 引导幼儿欣赏作品的画面。

提问：你从画上看到了什么？

2. 引导幼儿从形象、笔触上欣赏。

提问：画家把星星、月亮和树画成了什么样子？画家是怎样用笔的？你看了有什么感受？

小结：画家用了许多波浪形、螺旋形、断断续续的线，像旋涡一样包围着星星和月亮。大树像火焰一样燃烧、上升，给人旋转、流动的感觉。

3. 引导幼儿从色彩上欣赏。

提问：画面上的星星和月亮是什么颜色的？天空是什么颜色的？这样搭配给你一个什么样的感觉？

小结：月亮、星星是黄色的，与紫蓝色天空形成强烈对比，给人躁动不安的感觉。

三、引导幼儿理解作品所表达的情感

提问：从这幅画中，你们看出画家画这幅画的时候心情是什么样的？从哪里看出来的？猜猜这幅画的名字叫什么？

小结：这幅画的名字是"星月夜"，当时画家生病住院了，心情很郁闷，他躺在床上看着窗外的星空，结合自己心里的感受，画出了这幅画。

四、主题创作活动"心情不好的我"，尝试模仿大师的风格进行创作

1. 教师引导幼儿说说自己心情不好时的感受。

提问：当你不开心时或者是生气的时候，你有什么感觉？你的表情是什么样子的？你感觉周围的东西变成什么样子了？

2. 幼儿创作，教师观察并指导。

指导要点：鼓励幼儿运用各种表现方式来表达自己的心情。

五、让幼儿介绍自己的作品所表现的内容及情感，相互展示欣赏评价

【活动延伸】

区域活动：将绘画材料投放在美工区，让幼儿继续创作《我的心情》。

【幼儿作品】

（设计：李静芳　指导：董双红）

漂亮的夏装（欣赏）

【设计意图】

在开展主题教育活动"开心一夏"时，教师发现幼儿对夏装非常感兴趣，特别是女孩子经常三三两两围在一起，互相欣赏自己与同伴穿的小花裙。现在的儿童服装款式多样，色彩艳丽，而且夏装易于收集，是开展美术欣赏的好题材。教师设计这一活动，旨在充分利用幼儿身边熟悉的事物，引导幼儿发现生活中的美，培养幼儿善于发现美的能力。

【活动目标】

1. 能从款式、色彩、图案、质地等方面感受夏装的美。
2. 大胆选择衣服及饰品进行搭配与装扮，提高表现美的能力。

【活动准备】

1. 经验准备：幼儿在生活中对夏装有初步认识。

2. 材料投放：亲子时装表演录像，夏装图片制作课件，家长与幼儿一同收集的漂亮夏装及服饰饰品，背景音乐。

3. 资源利用：每位幼儿穿戴漂亮夏装上学，事先请几个家庭排练亲子时装表演。

4. 情境创设：用漂亮的夏装及服饰饰品布置出童装屋。

【活动过程】

一、播放优美的音乐，请幼儿自由欣赏童装屋的各种夏装，初步感受夏装的美

引导语：今天我们班的娃娃城新开了一家童装屋，大家一起去看看都有哪些漂亮的衣服吧。

二、集体交流

提问：你最喜欢哪件服装？为什么？

三、引导幼儿分别从色彩、图案、款式、质地进一步欣赏夏装的美

1. 欣赏夏装的色彩。

提问：这套服装上都有哪些颜色？这些颜色是怎样搭配的？这样配色给你什么样的感觉？

2. 欣赏夏装的图案。

提问：这套服装上有哪些图案？这些图案在衣服（裤、裙）的什么位置？这些图案给你什么样的感觉？这套服装是什么样子的？穿起来会是什么样的呢？

3. 欣赏夏装的款式。

提问：这套服装是用什么面料做的？摸上去、看上去有什么感觉，像什么？

引导语：今天，每一位小朋友都打扮得很漂亮，请向你的朋友介绍你的装扮。

三、欣赏亲子时装表演，感受不同种类夏装的美

1. 播放优美的音乐，亲子时装表演。

2. 随着每对亲子的出场，教师旁白简介运动装、裙装、职业装、母子装、旗袍等各类服装的特点。

3. 欣赏后交流。

提问：你最喜欢哪套服装？为什么？

四、幼儿自由选择服装与饰品打扮自己，并进行即兴时装表演，提高表现美的能力

1. 幼儿自由装扮。

教师引导幼儿注意色彩、款式等的搭配要协调、漂亮。

2. 幼儿即兴表演。

【活动延伸】

表演活动：请幼儿到小班进行时装表演，让弟弟、妹妹欣赏。

（设计：李静芳　指导：董双红）

太阳化装舞会（欣赏）

【设计意图】

《太阳化装舞会》是一组充满想象力与童趣的儿童画，选择这样一组作品给幼儿欣赏，旨在启发幼儿的想象，感受儿童画的无拘无束与天真稚拙的美。

【活动目的】

1. 欣赏儿童画夸张变形、充满想象力的特点，能积极表达自己的审美感受。
2. 感受画面色彩搭配以及构图的美感，并能运用于绘画创作中。

【活动准备】

材料投放：儿童画4—5张、背景音乐、范图1张。

【活动过程】

一、播放音乐，导入活动

引导语：听，这是一段舞会的音乐，今天太空城堡里举行舞会了。看看谁来参加舞会，太阳妈妈是怎样化装的。（出示一张变形的太阳范图）

二、出示主题为"太阳化装舞会"的儿童画作品若干张，引导幼儿欣赏

引导语：太阳妈妈带着她的女儿们来参加舞会了，她们都打扮得漂漂亮亮的。

提问：

1. 这幅画上的太阳妈妈和她的女儿们是怎样打扮的？
2. 太阳光变成了什么？有哪些线条？
3. 画上用了哪些颜色？你觉得哪些颜色搭配很美？
4. 这幅画上除了太阳还有什么？太阳和彩虹在画面上是怎样安排的？
5. 你最喜欢哪一幅画？为什么？

三、请幼儿给儿童画作品取名字

四、以"星星的化装舞会"或"月亮的化装舞会"为题，引导幼儿大胆想象，自由创作

教师重点引导幼儿想象星星和月亮化完装后会变成什么样，鼓励幼儿大胆地运用线描画装饰方法进行创作。

五、幼儿相互欣赏作品，分享交流

【活动延伸】

区域活动：将材料投放至美工区，引导幼儿继续创作。将幼儿的作品布置在美工区，让幼儿自由欣赏评价。

【幼儿作品】

（设计：李静芳　指导：董双红）

大班

福州纸伞（欣赏）

【设计意图】

纸伞是福州"三宝"之一，历史悠久。纸伞做工精细，伞面采用油画、水墨画、彩画喷花和绢印等方法绘制了花鸟、山水、人物等图案，十分雅致美观。如今，福州纸伞由于工艺复杂已淡出人们的日常生活，幼儿平时较少接触到，但它作为一种精美的民间传统手工艺品，值得我们引导幼儿去欣赏，并可以此为切入点，引领幼儿认识、欣赏一系列的福州传统民间艺术。

【活动目标】

1. 欣赏福州纸伞造型、色彩、图案的美，能大胆地用多种方式表达自己的认识和感受。
2. 丰富对福州民间艺术的了解，萌发对家乡的爱。

【活动准备】

1. 经验准备：
（1）观看录像资料，让幼儿初步了解福州纸伞的基本结构和制作过程。
（2）了解福州"三宝"（牛角梳、脱胎漆器、纸伞）。
2. 材料投放：
（1）教师和幼儿一起收集各种纸伞、布伞、塑料伞。
（2）制作纸伞以及设计伞面的各种材料，如吸管、剪刀、白纸、蜡光纸、宣纸、毛笔、墨、颜料、伞胚等。
（3）背景音乐《好一朵茉莉花》《雾里看花》。
3. 情境创设：用收集到的纸伞、布伞布置出一个"伞的世界"。
4. 资源利用：事先请几个幼儿排练表演。

【活动过程】

一、"纸伞表演"（播放音乐《好一朵茉莉花》），请幼儿欣赏并感受纸伞的美

1. 引导语：今天，请几位小朋友为大家表演一个精彩的节目，大家鼓掌欢迎。

2. 幼儿观看表演后，教师提问：他们表演时手上拿的是什么道具？

二、幼儿欣赏纸伞，大胆表达自己的感受

1. 幼儿自由观赏纸伞，与同伴互相交流。

引导语：用手轻轻地摸摸这些伞，看看伞面是用什么材料做成的？伞面有什么形状？有哪些颜色？伞面上还画了什么图案？

2. 集中欣赏、交流。

（1）引导幼儿从伞面的色彩、图案上进行欣赏并讲述。

提问：这么多美丽的纸伞，你最喜欢哪一把？为什么？

（2）引导幼儿比较纸伞与生活中常用的伞的不同。

提问：这些纸伞跟我们平时用的伞有什么不同？

三、回忆经验，丰富对民间艺术的了解

提问：你们知道福州"三宝"是什么吗？

小结：纸伞是福州的"三宝"之一，是很有特色的民间艺术。纸伞是工匠们用灵巧的双手制作出来的，做工很精细，伞面上的图案就像一幅幅美丽的画，有花鸟、山水、人物，漂亮极了。以前，纸伞是人们用来遮风挡雨的生活用品；现在，纸伞已经成为民间工艺品被人们收藏、观赏。

四、幼儿自选材料装饰伞面，进一步感受纸伞独特的美（配乐：古筝《雾里看花》）

1. 教师介绍三组材料。

第一组——国画装饰伞面：提供毛笔、白胚伞、裁成圆形的宣纸、墨汁、国画颜料。

第二组——综合绘画装饰伞面：提供裁成各种伞面形状的彩色复印纸、油画棒、广告颜料、水粉笔、线描笔。

第三组——剪贴装饰伞面：白纸、电光纸、蜡光纸、剪刀、胶水等。

2. 幼儿自由选择材料装饰。

3. 欣赏交流。

【活动延伸】

1. 主题活动：以福州"三宝"（牛角梳、脱胎漆器、纸伞）和榕城"三绝"（寿山石、软木雕、漆画）为主题开展系列欣赏活动。

2. 区域活动：

（1）展示区：发动家长一起收集福州民间工艺品，布置美术欣赏角。

（2）美工区：继续让幼儿装饰纸伞。

3. 环境创设：用幼儿作品布置活动室。

（设计：董双红　指导：游兆菁）

米罗爷爷的画（欣赏）

【设计意图】

西班牙画家米罗的画简洁单纯、充满童趣、富于想象力，与幼儿的年龄特点很吻合，非常适合幼儿欣赏。本次欣赏活动的设计以游戏形式为主，尝试结合多媒体课件的运用，以 Flash 动画生动有趣的演示吸引幼儿，突显其中的审美元素，帮助幼儿更深入地理解名画所传递的内涵与情感。

【活动目标】

1. 感受画家米罗简洁单纯、富于想象力的绘画风格。
2. 能用多种方式表达自己对作品的想象与审美感受。

【活动准备】

1. 经验准备：幼儿已欣赏过西方几位画家的作品，积累了一定的审美经验。
2. 材料投放：多媒体设备，名画欣赏课件，名画拼图若干幅，不同风格的名画作品图片若干张，幼儿使用的电脑五台。

【活动过程】

一、与幼儿一起回忆欣赏过的名画及熟悉的画家

1. 唤起幼儿的前期经验。

提问：这一段时间我们欣赏了好几位外国画家的画，还记得他们的名字和作品吗？

2. 播放课件，引导幼儿讲述作品的名称及画家。

提问：这幅作品叫什么名字？是谁画的？

二、播放课件，介绍画家米罗，引导幼儿赏析米罗的画

1. 引出画家米罗。

引导语：今天我们还要欣赏一位西班牙画家的画，他的名字叫米罗。

2. 欣赏米罗的作品《小天使》。

提问：从画上你看到了什么？觉得像什么？米罗爷爷用了哪些颜色画画？是怎样搭配的？这些颜色给你什么样的感觉？喜欢这幅画吗？为什么？这幅画可以起个什么名字呢？

3. 欣赏米罗的作品《哈里昆的狂欢》。

《小天使》　　　　　　　　　　　　《哈里昆的狂欢》

提问：你在画面上看到了什么？你觉得这会是在什么地方？你认为它们在做什么？看了这幅画你有什么感觉？这幅画可以起个什么名字呢？

三、幼儿自选材料开展游戏活动，进一步加深对米罗作品的感受与理解

1. 教师介绍各小组的材料及玩法。

第一组：名画拼图游戏（提供若干幅用不同画家的作品制作的拼图，让幼儿比赛看谁拼得快）。

第二组："和米罗爷爷捉迷藏"（让幼儿从各种名画图片中找出米罗的作品，比一比谁找得多）。

第三组：电脑绘画游戏（用软件金山画王让幼儿模仿米罗的作画风格自由创作）。

2. 幼儿自选材料分组活动，教师观察并指导。

【活动延伸】

区域活动：将分组活动的材料投放在欣赏区，让幼儿继续自由操作。

【幼儿作品】

（设计：董双红　指导：游兆菁）

《春如线》（欣赏）

【设计意图】

《春如线》是现代著名画家吴冠中的国画作品，他打破传统笔墨的形式特征，用流畅有力、富于韵律的五彩线条和点状色彩表现了春雨绵绵、柳枝摇曳、万物复苏的美好意境，充满抽象派的风格。为了让幼儿能更好地理解这幅画所表达的形式美与意境美，教师将综合运用音乐、诗歌、舞蹈等手段，达到听觉与视觉的互通，链接起幼儿的生活经验，使幼儿充分感受审美的愉悦。

【活动目标】

1. 尝试运用通感读画法欣赏画家吴冠中抽象派风格的国画作品，感受画面中五彩线条和点状色彩带来的形式美与意境美。

2. 细致地观察画面，能运用多种方式表达自己的审美体验。

3. 模仿画家的绘画风格自由作画，体验创作的乐趣。

【活动准备】

1. 经验准备：幼儿已欣赏过齐白石、徐悲鸿、李可染等著名国画家的作品。开展"春天"主题活动，引导幼儿欣赏春天大自然的景色，丰富幼儿对春天的感受与体验。

2. 材料投放：欣赏课件，多媒体，幼儿国画工具（毛笔、宣纸、国画颜料、墨水等）。

【活动过程】

一、与幼儿一起回忆熟悉的画家及欣赏过的国画作品

引导语：小朋友，前一段时间我们欣赏过好几位国画画家的作品了，还记得他们的名字吗？他们画得最好的是什么？

二、介绍画家吴冠中及其作品《春如线》，初步感受其抽象派的风格

引导语：今天我们来欣赏画家吴冠中的国画。

提问：这幅画与以前欣赏过的国画有什么不同的地方？你们觉得这幅画画的是什么呢？

三、运用通感读画法，引导幼儿欣赏国画《春如线》

1. 播放乐曲《春光美》，引导幼儿用通感读画法感受作品的意境美。

《春如线》

引导语：这幅国画画的是春天的景色，你们仔细听音乐，看着画面，想象春天的美丽景色，可以和同伴小声地说一说。

提问：听着音乐看着画，你想到（或听到）春天的什么？你是从画上的什么地方看出的（或听出的）？画面上的线条是什么样的？让你想到春天里的什么？画面上有哪些颜色？像春天的什么？

2. 教师配乐朗诵与画面内容相吻合、体现画面意境的散文诗《春天在哪里》，进一步提升幼儿的审美理解。

引导语：我也觉得这幅画很美，我还为这幅画编了一首散文诗，我们一起来听听吧。

3. 播放音乐，幼儿用舞蹈动作表现对作品的审美感受与审美理解。

引导语：小朋友想象得非常美，让我们用动作来表现美丽的春天吧！

提问：听着音乐，边表演边欣赏这幅画，你有什么感觉？

4. 引导幼儿结合自己对画面的理解给国画取名字。

提问：你能给画取个名字吗？

小结：小朋友给画取的名字有"春天真美丽""春天的草地""春天花儿开""春天的线条"……你们都能结合这幅画的特点来取名字，真好！吴冠中爷爷给这幅画取的名字叫"春如线"。

四、让幼儿尝试模仿画家的风格绘画，体验自由创作的快乐

提问：画家是用什么样的笔法画出细细的、流动的线条？

五、欣赏评价幼儿作品

将幼儿的作品布置在展板上，引导幼儿介绍自己的作品并互相欣赏、评价。

【活动延伸】

1. 美术活动：选择画家吴冠中的其他作品，如《天鹅》《荷塘》《白桦》《小鸟天堂》等，开展美术欣赏活动，让幼儿进一步感受画家的绘画风格。

2. 区域活动：与幼儿一起收集吴冠中的画作，投放在欣赏区让幼儿自由欣赏。

【幼儿作品】

（设计：董双红　指导：游兆菁）

附：散文诗《春天在哪里》

春天在哪里？春天在柔软的柳枝上，春天的风微微地吹，柳条跳起优美的舞蹈。

春天在哪里？春天在茂密的森林里，树叶穿上了绿衣裳，小鸟唱起动听的歌儿。

春天在哪里？春天在清新的田野里，油菜花黄了，豆苗绿了，桃花绽开粉红的笑脸。

春天在哪里？春天在绵绵的春雨里，那细细的、密密的雨丝多像春姑娘手中的线，织呀织，织出了五彩的春天……

天使的翅膀（欣赏）

【设计意图】

绘本故事《给天使一对翅膀》的独特价值是提供了赏心悦目的想象空间。故事中的小男孩有着丰富的想象力，画出了超越常规思维的"天使翅膀"：太阳光、长长的花枝条、雪花、成串的字母……画面色彩明快丰富、线条优美、构图巧妙，充满奇幻风格，既有童趣，又能激发幼儿的创作灵感。本活动旨在通过绘本欣赏，让幼儿感受绘画表现手法的多样性，激发幼儿丰富的想象与创作表达。

【活动目标】

1. 感受绘本画面独特的装饰美与表现手法的多样性，并能大胆用语言表达。

2. 能大胆想象并自主选择绘画材料，用不同的绘画表现手法设计和装饰翅膀，体验创作的快乐。

【活动准备】

材料投放：绘本《给天使一对翅膀》的节选页面PPT，背景音乐，长方形色卡纸、水彩笔、油画棒、剪刀、广告画颜料等若干。

【活动过程】

一、出示绘本《给天使一对翅膀》的封面，引发幼儿欣赏的兴趣

引导语：今天小天使来我们这里做客啦。小天使有个愿望，想要一对不一样的、很特别的翅膀，于是她请好朋友——小男孩来帮忙，你们猜猜看小男孩会给天使画上一对什么样的翅膀呢，我们一起来看看吧！

二、逐一翻阅电子书《给天使一对翅膀》，引导幼儿欣赏绘本中各种各样翅膀的美

1. 欣赏海浪翅膀。

提问：小男孩给天使画了一对什么样的翅膀？这对翅膀用了什么样的线条？有哪些颜色？海浪翅膀里还有什么？

2. 欣赏鲜花翅膀。

提问：这是一对什么样的翅膀？用了哪些颜色？你觉得这对翅膀美在哪

里？看到这样一对开满鲜花的翅膀，你想到了什么？

3.欣赏字母翅膀。

提问：这对翅膀上画满了什么？你觉得这对翅膀怎么样？

4.教师对绘本的绘画风格进行小结。

引导语：小男孩好有创意啊！画出这么多奇妙的翅膀！他给小天使画的这三对翅膀图案都很特别，而且在构图上都注意到了大小和疏密的安排，色彩搭配也用到对比色与相近色，真的太美了！

三、引发想象，鼓励幼儿大胆说出自己想要设计的翅膀

提问：你会为天使设计什么样的翅膀呢？

四、幼儿创作"天使的翅膀"

1.教师介绍材料，简单讲解绘画要求。

2.幼儿自由选择材料，发挥想象自主创作。

指导要点：提醒幼儿根据自己所设计的翅膀，选择合适的色卡纸和绘画材料。鼓励幼儿大胆运用不同的绘画表现手法装饰翅膀。

五、作品展示与欣赏，体验创作的快乐

幼儿背上自己设计的翅膀，互相欣赏、交流。

【活动延伸】

区域活动：将材料投放到美工区，让幼儿继续创作各种各样的翅膀。

（设计：林葵　指导：董双红）

附：绘本《给天使一对翅膀》的部分画面

《白色的幻想》（欣赏）

【设计意图】

白色是日常生活中常见的颜色，白色的墙壁、白色的小兔子、白色的花等都是幼儿熟悉的。但幼儿天性喜欢缤纷的色彩，白色物品的美感通常会被他们忽略。教师设计了课件"白色的幻想"，汇集了生活中白色的物品、白色调为主的名画、幼儿绘画作品等，引导幼儿发现白色给人带来的审美愉悦，并鼓励幼儿积极迁移前期水粉画的经验，大胆地尝试运用白色水粉颜料进行创作活动。

【活动目标】

1. 感受生活中白色物品的美，欣赏以白色为主色调的绘画作品的独特的美。

2. 发挥想象，大胆运用白色水粉颜料自主创作，体验创作的乐趣。

【活动准备】

1. 经验准备：开展亲子活动"我是小拍客"，让幼儿寻找自己喜欢的白色物品，并请家长拍成照片。

2. 材料投放：课件"白色的幻想"，各种图案的漏印纸板，颜料、水粉笔、调色盒、勾线笔、色卡纸，抹布、罩衣。

【活动过程】

一、欣赏课件"白色的幻想"第一部分"我是小拍客"，引导幼儿感受生活中白色物品的美

引导语：这几天小朋友都和爸爸妈妈一起找到了许多白色的东西，我们来看看都有些什么吧。

提问：你看到的白色的东西是什么？看起来有什么感觉？

二、欣赏课件"白色的幻想"第二部分"画家及幼儿作品"，感受以白色为主色调的绘画作品的美

1. 欣赏第一幅作品——莱波卡《白色的马蹄莲》，感受用白色创作具象画的美。

提问：画家用白色画了什么？你觉得这幅画美在哪里？

小结：画家是在有颜色的纸上用白色水粉颜料画了马蹄莲，有的地方白色涂得厚，有的地方白色涂得薄，花儿就有了深深浅浅的效果，特别美。

2. 欣赏第二幅作品——波洛克《会聚》，感受用白色创作抽象画的美。

提问：波洛克用白色画了什么画？看着这幅画，你想到了什么？

小结：画家在深色的纸上用白色创作了抽象画，还点缀了一些其他颜色，这样的画很特别，也很美。

莱波卡《白色的马蹄莲》　　　　　　　波洛克《会聚》

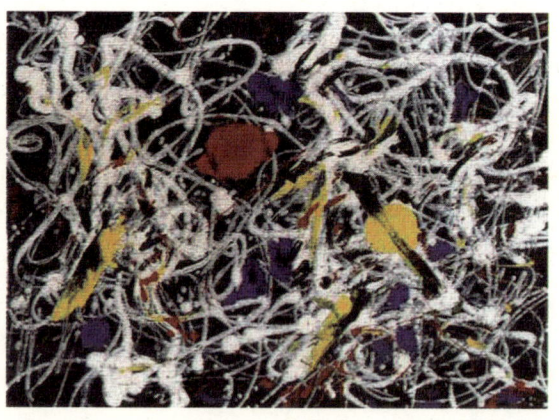

3. 欣赏以白色调为主的儿童画，激发幼儿创作的欲望。

提问：这些画上什么颜色最多？你喜欢哪一幅？

小结：小朋友平时画画的时候都用了许多颜色，五颜六色的画很美。今天我们欣赏的画都是白色用得最多，是以白色为主色调的画，也很美。以后我们画画的时候也可以试着用一种颜色为主色调来画，再搭配一点别的颜色。

儿童画作品　　　　　　　　　　　　儿童画作品

三、幼儿创作白色的画，体验创作的乐趣

1. 幼儿自由交流。

提问：你想用白色画什么？

2. 介绍绘画材料，交代使用要求。

3. 幼儿作画，教师观察并指导。

引导语：今天我们向画家学习用白色来画画，看看谁能用白色创作出美丽的画。

指导要点：引导幼儿用白色水粉进行创作，适当点缀其他颜色，使画面富有美感。

四、幼儿作品展示与欣赏，教师评价

提问：你画的是什么？你喜欢哪一幅画？

【活动延伸】

1. 日常生活：在晨间区域活动时，让幼儿继续欣赏评价同伴的作品。
2. 区域活动：将材料投放于美工区，让幼儿继续创作以白色为主色调的画。

（设计：王芬　指导：董双红）

各种各样的桥（欣赏）

【设计意图】

自从秋游参观了桥梁公园后，幼儿对画桥产生了极大的兴趣，斜拉桥、悬索桥、伦敦塔桥、悉尼海港大桥都是幼儿非常喜欢的桥梁造型，他们一张又一张不厌其烦地画着，乐在其中。为了让幼儿进一步感受到各种造型的桥梁雄伟壮观、独具匠心的美，也为了让幼儿在审美感知的基础上进行审美创造，从而提升幼儿的审美情趣，教师收集了大量的桥梁图片，精心制作欣赏课件，开展了本次活动。

【活动目标】

1. 欣赏各种桥梁的造型美与色彩美。
2. 能运用不同的线条与形状表现桥的造型，发挥想象设计各种各样的桥。

【活动准备】

1. 经验准备：组织幼儿参观桥梁公园，初步了解桥的基本构造与设计原理。
2. 材料投放：世界著名桥梁的欣赏课件，图画纸、黑色水彩笔、油画棒、水粉颜料、水粉笔等。
3. 情境创设：将幼儿前期的写生作品布置成展板。

【活动过程】

一、出示作品展板，引导幼儿回忆到桥梁公园写生的情景，引入活动

提问：这是在什么地方画的桥？你知道小朋友画的是什么桥吗？

二、演示课件，引导幼儿欣赏各种桥的造型美与色彩美，启发幼儿用恰当的语言描述

1. 欣赏伦敦桥，感受其造型美。

提问：这座桥远看像什么？让我们走近仔细看看，你发现了什么秘密？还有一个更大的秘密，你们猜得出吗？河面上的轮船怎么通过伦敦桥呢？

小结：伦敦桥的造型很特别，远看像一座城堡。它的桥面有两层，上面一层供行人通过，下层供车辆通行。下层的桥面可以从中间向上像大门一样打开，让河面的轮船从中间驶过。太神奇了！

2. 欣赏悉尼海港大桥，感受桥的线条与图案组合的美。

提问：这座桥像什么？用了什么线条或图形？我们从不同角度欣赏一下这座桥，觉得怎么样？在宽阔的海面上看到这么大、这么长的桥，你有什么感觉？可以用什么词语来形容？

小结：悉尼海港大桥建在大海上，桥身很长，桥上的弧形线条像一道巨大的彩虹，非常壮观。桥身上有许多三角形整齐地排列，与弧形线条搭配，特别好看！

3. 欣赏美国旧金山金门大桥，感受桥的色彩美。

提问：这座桥有什么特别的地方？红色的金门大桥美在哪里？

小结：红色的金门大桥横跨在两座高山之间，与蓝天碧海、洁白的浪花、翠绿的树林形成强烈的对比，是一道非常美丽的风景。

4. 欣赏赵州桥，感受其独特的设计。

提问：你觉得赵州桥哪里美？你们知道这座桥建多久了吗？为什么这座桥这么牢固呢？

小结：赵州桥全部用石头建成，当地人叫它"大石桥"。它是中国第一座石拱桥，已有1400多年的历史，也是世界上最早、保存最完整的古代单孔石拱桥。赵州桥经过了无数次洪水冲击、风吹雨打和多次地震的考验，仍然安然无恙，牢牢地站在清水河上。我们的祖先太了不起了！

5. 欣赏立交桥的图片，感受其充满立体感的现代美。

提问：这些立交桥像什么？看起来有什么感觉？

三、教师讲述故事《兰兰过桥》，激发幼儿设计桥的愿望

1. 教师讲述故事《兰兰过桥》。

2. 幼儿说说自己的想法。

提问：你想设计什么样的桥？

四、幼儿绘画，教师观察指导

指导要点：

1. 鼓励幼儿大胆想象，设计与众不同的桥。

2. 启发幼儿运用不同的线条与几何图形设计造型。

五、展示幼儿作品，互相欣赏评价

引导语：请你说说自己设计的是什么桥，有什么特别的地方。

【活动延伸】

1. 区域活动：将幼儿收集到的各种各样的桥梁图片布置在美工区，让幼儿继续欣赏并创作。

2. 游戏活动：开展结构游戏"我是小小桥梁设计师"。

【幼儿作品】

音乐桥

多层桥

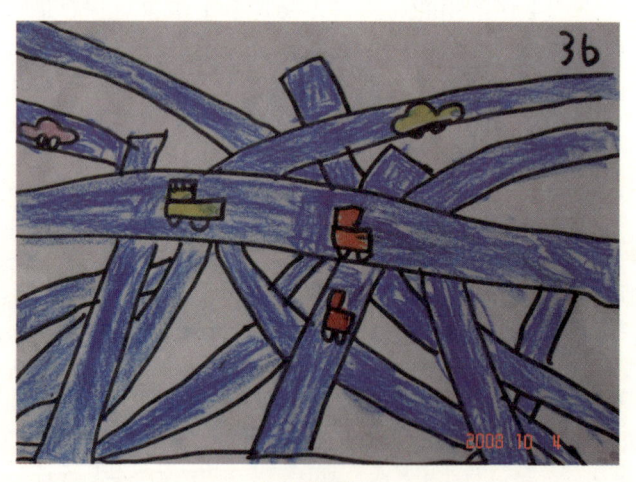

立交桥

（设计：董双红　指导：游兆菁）

主要参考文献

1. 教育部.3—6岁儿童学习与发展指南.2012.
2. 教育部基础教育司.《幼儿园教育指导纲要（试行）》解读.南京：江苏教育出版社，2002.
3. 李季湄，冯晓霞.《3—6岁儿童学习与发展指南》解读.北京：人民教育出版社，2013.
4. 屠美如.儿童美术欣赏教育研究.北京：教育科学出版社，2001.
5. 孔起英.学前儿童美术教育.南京：南京师范大学出版社，2013.
6. 张念芸.学前儿童美术教育.北京：北京师范大学出版社，2012.
7. 沈逾白.幼儿美术欣赏能力的调查与研究[硕士论文].2012.
8. 边霞.幼儿美术欣赏的内容选择与活动的组织.学前教育研究，2000(12).
9. 吴丽芳.幼儿美术欣赏教育的目标定位与内容选择.福建教育，2012(12).

图书在版编目（CIP）数据

幼儿园美术教育活动的指导与实施/福建省实验幼儿园编.—福州：福建教育出版社，2017.9（2020.11重印）
（幼儿园教育活动指导丛书）
ISBN 978-7-5334-7725-7

Ⅰ.①幼… Ⅱ.①福… Ⅲ.①美术课－学前教育－教学参考资料 Ⅳ.①G613.6

中国版本图书馆CIP数据核字（2017）第096821号

幼儿园教育活动指导丛书
Youeryuan Meishu Jiaoyu Huodong De Zhidao Yu Shishi
幼儿园美术教育活动的指导与实施
福建省实验幼儿园　编

出版发行	福建教育出版社
	（福州市梦山路27号　邮编：350025　网址：www.fep.com.cn
	编辑部电话：0591-83726908
	发行部电话：0591-83721876　87115073　010-62027445）
出 版 人	江金辉
印　　刷	福建省地质印刷厂
	（福州市金山工业区　邮编：350011）
开　　本	710毫米×1000毫米　1/16
印　　张	15.25
字　　数	233千字
插　　页	2
版　　次	2017年9月第1版　2020年11月第3次印刷
书　　号	ISBN 978-7-5334-7725-7
定　　价	45.00元

如发现本书印装质量问题，请向本社出版科（电话：0591-83726019）调换。